Hofmannsthal · Reitergeschichte

Hugo von Hofmannsthal

Reitergeschichte

und andere Erzählungen

Nachwort von
Heinrich Bosse

Reclam

RECLAMS UNIVERSAL-BIBLIOTHEK Nr. 18039

Gesamtherstellung: Reclam, Ditzingen. Printed in Germany 2013

ISBN 978-3-15-018039-6

www.reclam.de

Inhalt

Das Märchen der 672. Nacht

Ein junger Kaufmannssohn, der sehr schön war und weder Vater noch Mutter hatte, wurde bald nach seinem fünfundzwanzigsten Jahre der Geselligkeit und des gastlichen Lebens überdrüssig. Er versperrte die meisten Zimmer seines Hauses und entließ alle seine Diener und Dienerinnen, bis auf vier, deren Anhänglichkeit und ganzes Wesen ihm lieb war. Da ihm an seinen Freunden nichts gelegen war und auch die Schönheit keiner einzigen Frau ihn so gefangen nahm, daß er es sich als wünschenswert oder nur als erträglich vorgestellt hätte, sie immer um sich zu haben, lebte er sich immer mehr in ein ziemlich einsames Leben hinein, welches anscheinend seiner Gemütsart am meisten entsprach. Er war aber keineswegs menschenscheu, vielmehr ging er gerne in den Straßen oder öffentlichen Gärten spazieren und betrachtete die Gesichter der Menschen. Auch vernachlässigte er weder die Pflege seines Körpers und seiner schönen Hände noch den Schmuck seiner Wohnung. Ja, die Schönheit der Teppiche und Gewebe und Seiden, der geschnitzten und getäfelten Wände, der Leuchter und Becken aus Metall, der gläsernen und irdenen Gefäße wurde ihm so bedeutungsvoll, wie er es nie geahnt hatte. Allmählich wurde er sehend dafür, wie alle Formen und Farben der Welt in seinen Geräten lebten. Er erkannte in den Ornamenten, die sich verschlingen, ein verzaubertes Bild der verschlungenen Wunder der Welt. Er fand die Formen der Tiere und die Formen der Blumen und das Übergehen der Blumen in die Tiere; die Delphine, die Löwen und die Tulpen, die Perlen und den Akanthus; er fand den Streit zwischen der Last der Säule und dem Widerstand des festen Grundes und das Streben alles Wassers nach aufwärts und wiederum nach abwärts; er fand die Seligkeit der Bewegung und die Erhabenheit der Ruhe, das Tanzen und das Totsein; er fand die Farben der Blumen und Blätter, die Farben der Felle wilder Tiere und der Gesichter der Völker, die Farbe der Edelsteine, die Farbe des stürmischen und des ruhig leuchtenden Meeres; ja, er fand den Mond und die Sterne, die mystische Kugel, die mystischen Ringe und an ihnen festgewachsen die Flügel der Seraphim. Er war für lange Zeit trunken von dieser großen, tiefsinnigen Schönheit, die ihm gehörte, und alle seine Tage bewegten sich schöner und minder leer unter diesen Geräten, die nichts Totes und Niedriges mehr waren, sondern ein großes Erbe, das göttliche Werk aller Geschlechter.

Doch er fühlte ebenso die Nichtigkeit aller dieser Dinge wie ihre Schönheit; nie verließ ihn auf lange der Gedanke an den Tod und oft befiel er ihn unter lachenden und lärmenden Menschen, oft in der Nacht, oft beim Essen.

Aber da keine Krankheit in ihm war, so war der Gedanke nicht grauenhaft, eher hatte er etwas Feierliches und Prunkendes und kam gerade am stärksten, wenn er sich am Denken schöner Gedanken oder an der Schönheit seiner Jugend und Einsamkeit berauschte. Denn oft schöpfte der Kaufmannssohn einen großen Stolz aus dem Spiegel, aus den Versen der Dichter, aus seinem Reichtum und seiner Klugheit, und die finsteren Sprichwörter drückten nicht auf seine Seele. Er sagte: »Wo du sterben sollst, dahin tragen dich deine Füße«, und sah sich schön, wie ein auf der Jagd verirrter König, in einem unbekannten Wald unter seltsamen Bäumen einem fremden wunderbaren Geschick entgegengehen. Er sagte: »Wenn das Haus fertig ist, kommt der Tod« und sah jenen langsam heraufkommen über die von geflügelten Löwen getragene Brücke des

Palastes, des fertigen Hauses, angefüllt mit der wundervollen Beute des Lebens.

Er wähnte, völlig einsam zu leben, aber seine vier Diener umkreisten ihn wie Hunde und obwohl er wenig mit ihnen redete, fühlte er doch irgendwie, daß sie unausgesetzt daran dachten, ihm gut zu dienen. Auch fing er an, hie und da über sie nachzudenken.

Die Haushälterin war eine alte Frau; ihre verstorbene Tochter war des Kaufmannssohns Amme gewesen; auch alle ihre anderen Kinder waren gestorben. Sie war sehr still und die Kühle des Alters ging von ihrem weißen Gesicht und ihren weißen Händen aus. Aber er hatte sie gern, weil sie immer im Hause gewesen war und weil die Erinnerung an die Stimme seiner eigenen Mutter und an seine Kindheit, die er sehnsüchtig liebte, mit ihr herumging.

Sie hatte mit seiner Erlaubnis eine entfernte Verwandte ins Haus genommen, die kaum fünfzehn Jahre alt war; diese war sehr verschlossen. Sie war hart gegen sich und schwer zu verstehen. Einmal warf sie sich in einer dunkeln und jähen Regung ihrer zornigen Seele aus einem Fenster in den Hof, fiel aber mit dem kinderhaften Leib in zufällig aufgeschüttete Gartenerde, so daß ihr nur ein Schlüsselbein brach, weil dort ein Stein in der Erde gesteckt hatte. Als man sie in ihr Bett gelegt hatte, schickte der Kaufmannssohn seinen Arzt zu ihr; am Abend aber kam er selber und wollte sehen, wie es ihr ginge. Sie hielt die Augen geschlossen und er sah sie zum ersten Male lange ruhig an und war erstaunt über die seltsame und altkluge Anmut ihres Gesichtes. Nur ihre Lippen waren sehr dünn und darin lag etwas Unschönes und Unheimliches. Plötzlich schlug sie die Augen auf, sah ihn eisig und bös an und drehte sich mit zornig zusammengebissenen Lippen, den Schmerz überwindend, gegen die Wand, so daß sie auf die verwundete Seite zu liegen kam. Im Augenblick verfärbte sich ihr totenblasses Gesicht ins Grünlichweiße, sie wurde ohnmächtig und fiel wie tot in ihre frühere Lage zurück.

Als sie wieder gesund war, redete der Kaufmannssohn sie durch lange Zeit nicht an, wenn sie ihm begegnete. Ein paarmal fragte er die alte Frau, ob das Mädchen ungern in seinem Hause wäre, aber diese verneinte es immer. Den einzigen Diener, den er sich entschlossen hatte, in seinem Hause zu behalten, hatte er kennen gelernt, als er einmal bei dem Gesandten, den der König von Persien in dieser Stadt unterhielt, zu Abend speiste. Da bediente ihn dieser und war von einer solchen Zuvorkommenheit und Umsicht und schien gleichzeitig von so großer Eingezogenheit und Bescheidenheit, daß der Kaufmannssohn mehr Gefallen daran fand, ihn zu beobachten, als auf die Reden der übrigen Gäste zu hören. Um so größer war seine Freude, als viele Monate später dieser Diener auf der Straße auf ihn zutrat, ihn mit demselben tiefen Ernst, wie an jenem Abend, und ohne alle Aufdringlichkeit grüßte und ihm seine Dienste anbot. Sogleich erkannte ihn der Kaufmannssohn an seinem düsteren, maulbeerfarbigen Gesicht und an seiner großen Wohlerzogenheit. Er nahm ihn augenblicklich in seinen Dienst, entließ zwei junge Diener, die er noch bei sich hatte, und ließ sich fortan beim Speisen und sonst nur von diesem ernsten und zurückhaltenden Menschen bedienen. Dieser Mensch machte fast nie von der Erlaubnis Gebrauch, in den Abendstunden das Haus zu verlassen. Er zeigte eine seltene Anhänglichkeit an seinen Herrn, dessen Wünschen er zuvorkam und dessen Neigungen und Abneigungen er schweigend erriet, so daß auch dieser eine immer größere Zuneigung für ihn faßte.

Wenn er sich auch nur von diesem beim Speisen bedienen ließ, so pflegte die Schüsseln mit Obst und süßem Backwerk doch eine Dienerin aufzutragen, ein junges Mädchen, aber doch um zwei oder drei Jahre älter als die Kleine. Dieses junge Mädchen war von jenen, die man von weitem, oder wenn man sie als Tänzerinnen beim Licht der Fackeln auftreten sieht, kaum für sehr schön gelten ließe, weil da die Feinheit der Züge verloren geht; da er sie aber in der Nähe und täglich sah, ergriff ihn die unvergleichliche Schönheit ihrer Augenlider und ihrer Lippen, und die trägen, freudlosen Bewegungen ihres schönen Leibes waren ihm die rätselhafte Sprache einer verschlossenen und wundervollen Welt.

Wenn in der Stadt die Hitze des Sommers sehr groß wurde und längs der Häuser die dumpfe Glut schwebte und in den schwülen, schweren Vollmondnächten der Wind weiße Staubwolken in den leeren Straßen hintrieb, reiste der Kaufmannssohn mit seinen vier Dienern nach einem Landhaus, das er im Gebirg besaß, in einem engen, von dunklen Bergen umgebenen Tal. Dort lagen viele solche Landhäuser der Reichen. Von beiden Seiten fielen Wasserfälle in die Schluchten herunter und gaben Kühle. Der Mond stand fast immer hinter den Bergen, aber große weiße Wolken stiegen hinter den schwarzen Wänden auf, schwebten feierlich über den dunkelleuchtenden Himmel und verschwanden auf der anderen Seite. Hier lebte der Kaufmannssohn sein gewohntes Leben in einem Haus, dessen hölzerne Wände immer von dem kühlen Duft der Gärten und der vielen Wasserfälle durchstrichen wurden. Am Nachmittag, bis die Sonne hinter den Bergen hinunterfiel, saß er in seinem Garten und las meist in einem Buch, in welchem die Kriege eines sehr großen Königs der Vergangenheit aufgezeichnet waren. Manchmal mußte er mitten in der Beschreibung, wie die Tausende Reiter der feindlichen Könige schreiend ihre Pferde umwenden oder ihre Kriegswagen den steilen Rand eines Flusses hinabgerissen werden, plötzlich innehalten, denn er fühlte, ohne hinzusehen, daß die Augen seiner vier Diener auf ihn geheftet waren. Er wußte, ohne den Kopf zu heben, daß sie ihn ansahen, ohne ein Wort zu reden, jedes aus einem anderen Zimmer. Er kannte sie so gut. Er fühlte sie leben, stärker, eindringlicher, als er sich selbst leben fühlte. Über sich empfand er zuweilen leichte Rührung oder Verwunderung, wegen dieser aber eine rätselhafte Beklemmung. Er fühlte mit der Deutlichkeit eines Alpdrucks, wie die beiden Alten dem Tod entgegenlebten, mit jeder Stunde, mit dem unaufhaltsamen leisen Anderswerden ihrer Züge und ihrer Gebärden, die er so gut kannte; und wie die beiden Mädchen in das öde, gleichsam lustlose Leben hineinlebten. Wie das Grauen und die tödliche Bitterkeit eines furchtbaren, beim Erwachen vergessenen Traumes, lag ihm die Schwere ihres Lebens, von der sie selber nichts wußten, in den Gliedern.

Manchmal mußte er aufstehen und umhergehen, um seiner Angst nicht zu unterliegen. Aber während er auf den grellen Kies vor seinen Füßen schaute und mit aller Anstrengung darauf achtete, wie aus dem kühlen Duft von Gras und Erde der Duft der Nelken in hellen Atemzügen zu ihm aufflog und dazwischen in lauen übermäßig süßen Wolken der Duft der Heliotrope, fühlte er ihre Augen und konnte an nichts anderes denken. Ohne den Kopf zu heben, wußte er, daß die alte Frau an ihrem Fenster saß, die blutlosen Hände auf dem von der Sonne durchglühten Gesims, das blutlose, maskenhafte Gesicht eine immer grauenhaftere Heimstätte für die hilflosen schwarzen Augen, die nicht absterben konnten. Ohne den Kopf zu heben, fühlte er, wenn der Diener für Minuten von seinem Fenster zurücktrat und sich an einem Schrank zu schaffen machte; ohne aufzusehen, erwartete er in heimlicher Angst den Augenblick, wo er wiederkommen werde. Während er mit beiden Händen biegsame Äste hinter sich zurückfallen ließ, um sich in der verwachsensten Ecke des Gartens zu verkriechen und alle Gedanken auf die Schönheit des Himmels drängte, der in kleinen leuchtenden Stücken von feuchtem Türkis von oben durch das dunkle Genetz von Zweigen und Ranken herunterfiel, bemächtigte sich seines Blutes und seines ganzen Denkens nur das, daß er die Augen der zwei Mädchen auf sich gerichtet wußte, die der Größeren träge und traurig, mit einer unbestimmten, ihn quälenden Forderung, die der Kleineren mit einer ungeduldigen, dann wieder höhnischen Aufmerksamkeit, die ihn noch mehr quälte. Und dabei hatte er nie den Gedanken, daß sie ihn unmittelbar ansahen, ihn, der gerade mit gesenktem Kopfe umherging, oder bei einer Nelke niederkniete, um sie mit Bast zu binden, oder sich unter die Zweige beugte; sondern ihm war, sie sahen sein ganzes Leben an, sein tiefstes Wesen, seine geheimnisvolle menschliche Unzulänglichkeit.

Eine furchtbare Beklemmung kam über ihn, eine tödliche Angst vor der Unentrinnbarkeit des Lebens. Furchtbarer, als daß die ihn unausgesetzt beobachteten, war, daß sie ihn zwangen, in einer unfruchtbaren und so ermüdenden Weise an sich selbst zu denken. Und der Garten war viel zu klein, um ihnen zu entrinnen. Wenn er aber ganz nahe von ihnen war, erlosch seine Angst so völlig, daß er das Vergangene beinahe vergaß. Dann vermochte er es, sie gar nicht zu beachten oder ruhig ihren Bewegungen zuzusehen, die ihm so vertraut waren, daß er aus ihnen eine unaufhörliche, gleichsam körperliche Mitempfindung ihres Lebens empfing.

Das kleine Mädchen begegnete ihm nur hie und da auf der Treppe oder im Vorhaus. Die drei anderen aber waren häufig mit ihm in einem Zimmer. Einmal erblickte er die Größere in einem geneigten Spiegel; sie ging durch ein erhöhtes Nebenzimmer: In dem Spiegel aber kam sie ihm aus der Tiefe entgegen. Sie ging langsam und mit Anstrengung, aber ganz aufrecht: Sie trug in jedem Arme eine schwere hagere indische Gottheit aus dunkler Bronze. Die verzierten

Füße der Figuren hielt sie in der hohlen Hand, von der Hüfte bis an die Schläfe reichten ihr die dunklen Göttinnen und lehnten mit ihrer toten Schwere an den lebendigen zarten Schultern; die dunklen Köpfe aber mit dem bösen Mund von Schlangen, drei wilden Augen in der Stirn und unheimlichem Schmuck in den kalten, harten Haaren, bewegten sich neben den atmenden Wangen und streiften die schönen Schläfen im Takt der langsamen Schritte. Eigentlich aber schien sie nicht an den Göttinnen schwer und feierlich zu tragen, sondern an der Schönheit ihres eigenen Hauptes mit dem schweren Schmuck aus lebendigem, dunklem Gold, zwei großen gewölbten Schnecken zu beiden Seiten der lichten Stirn, wie eine Königin im Kriege. Er wurde ergriffen von ihrer großen Schönheit, aber gleichzeitig wußte er deutlich, daß es ihm nichts bedeuten würde, sie in seinen Armen zu halten. Er wußte es überhaupt, daß die Schönheit seiner Dienerin ihn mit Sehnsucht, aber nicht mit Verlangen erfüllte, so daß er seine Blicke nicht lange auf ihr ließ, sondern aus dem Zimmer trat, ja auf die Gasse, und mit einer seltsamen Unruhe zwischen den Häusern und Gärten im schmalen Schatten weiterging. Schließlich ging er an das Ufer des Flusses, wo die Gärtner und Blumenhändler wohnten, und suchte lange, obgleich er wußte, daß er vergeblich suchen werde, nach einer Blume, deren Gestalt und Duft, oder nach einem Gewürz, dessen verwehender Hauch ihm für einen Augenblick genau den gleichen süßen Reiz zu ruhigem Besitz geben könnte, welcher in der Schönheit seiner Dienerin lag, die ihn verwirrte und beunruhigte. Und während er ganz vergeblich mit sehnsüchtigen Augen in den dumpfen Glashäusern umherspähte und sich im Freien über die langen Beete beugte, auf denen es schon dunkelte, wiederholte sein Kopf unwillkürlich, ja schließlich gequält und gegen seinen Willen, immer wieder die Verse des Dichters: »In den Stielen der Nelken, die sich wiegten, im Duft des reifen Kornes erregtest du meine Sehnsucht; aber als ich dich fand, warst du es nicht, die ich gesucht hatte, sondern die Schwestern deiner Seele.«

II

In diesen Tagen geschah es, daß ein Brief kam, welcher ihn einigermaßen beunruhigte. Der Brief trug keine Unterschrift. In unklarer Weise beschuldigte der Schreiber den Diener des Kaufmannssohnes, daß er im Hause seines früheren Herrn, des persischen Gesandten, irgendein abscheuliches Verbrechen begangen habe. Der Unbekannte schien einen heftigen Haß gegen den Diener zu hegen und fügte viele Drohungen bei; auch gegen den Kaufmannssohn selbst bediente er sich eines unhöflichen, beinahe drohenden Tones. Aber es war nicht zu erraten, welches Verbrechen angedeutet werde und welchen Zweck überhaupt dieser Brief für den Schreiber, der sich nicht nannte und nichts verlangte, haben könne. Er las den Brief mehrere Male und gestand sich, daß er bei dem Gedanken, seinen Diener auf eine so widerwärtige Weise zu verlieren, eine große Angst empfand. Je mehr er nachdachte, desto erregter wurde er und desto weniger konnte er den Gedanken ertragen, eines dieser Wesen zu verlieren, mit denen er durch die Gewohnheit und andere geheime Mächte völlig zusammengewachsen war.

Er ging auf und ab, die zornige Erregung erhitzte ihn so, daß er seinen Rock und Gürtel abwarf und mit Füßen trat. Es war ihm, als wenn man seinen innersten Besitz beleidigt und bedroht hätte und ihn zwingen wollte, aus sich selber zu fliehen und zu verleugnen, was ihm lieb war. Er hatte Mitleid mit sich selbst und empfand sich, wie immer in solchen Augenblicken, als ein Kind. Er sah schon seine vier

Diener aus seinem Hause gerissen und es kam ihm vor, als zöge sich lautlos der ganze Inhalt seines Lebens aus ihm, alle schmerzhaftsüßen Erinnerungen, alle halbunbewußten Erwartungen, alles Unsagbare, um irgendwo hingeworfen und für nichts geachtet zu werden, wie ein Bündel Algen und Meertang. Er begriff zum erstenmal, was ihn als Knabe immer zum Zorn gereizt hatte, die angstvolle Liebe, mit der sein Vater an dem hing, was er erworben hatte, an den Reichtümern seines gewölbten Warenhauses, den schönen, gefühllosen Kindern seines Suchens und Sorgens, den geheimnisvollen Ausgeburten der undeutlichen tiefsten Wünsche seines Lebens. Er begriff, daß der große König der Vergangenheit hätte sterben müssen, wenn man ihm seine Länder genommen hätte, die er durchzogen und unterworfen hatte vom Meer im Westen bis zum Meer im Osten, die er zu beherrschen träumte und die doch so unendlich groß waren, daß er keine Macht über sie hatte und keinen Tribut von ihnen empfing, als den Gedanken, daß er sie unterworfen hatte und kein anderer als er ihr König war.

Er beschloß alles zu tun, um diese Sache zur Ruhe zu bringen, die ihn so ängstigte. Ohne dem Diener ein Wort von dem Brief zu sagen, machte er sich auf und fuhr allein nach der Stadt. Dort beschloß er vor allem das Haus aufzusuchen, welches der Gesandte des Königs von Persien bewohnte; denn er hatte die unbestimmte Hoffnung, dort irgendwie einen Anhaltspunkt zu finden.

Als er aber hinkam, war es spät am Nachmittag und niemand mehr zu Hause, weder der Gesandte, noch einer der jungen Leute seiner Begleitung. Nur der Koch und ein alter untergeordneter Schreiber saßen im Torweg im kühlen Halbdunkel. Aber sie waren so häßlich und gaben so kurze mürrische Antworten, daß er ihnen ungeduldig den Rücken kehrte und sich entschloß, am nächsten Tage zu einer besseren Stunde wiederzukommen.

Da seine eigene Wohnung versperrt war – denn er hatte keinen Diener in der Stadt zurückgelassen – so mußte er wie ein Fremder daran denken, sich für die Nacht eine Herberge zu suchen. Neugierig, wie ein Fremder, ging er durch die bekannten Straßen und kam endlich an das Ufer eines kleinen Flusses, der zu dieser Jahreszeit fast ausgetrocknet war. Von dort folgte er in Gedanken verloren einer ärmlichen Straße, wo sehr viele öffentliche Dirnen wohnten. Ohne viel auf seinen Weg zu achten, bog er dann rechts ein und kam in eine ganz öde, totenstille Sackgasse, die in einer fast turmhohen, steilen Treppe endigte. Auf der Treppe blieb er stehen und sah zurück auf seinen Weg. Er konnte in die Höfe der kleinen Häuser sehen; hie und da waren rote Vorhänge an den Fenstern und häßliche, verstaubte Blumen; das breite, trockene Bett des Flusses war von einer tödlichen Traurigkeit. Er stieg weiter und kam oben in ein Viertel, das er sich nicht entsinnen konnte je gesehen zu haben. Trotzdem kam ihm eine Kreuzung niederer Straßen plötzlich traumhaft bekannt vor. Er ging weiter und kam zu dem Laden eines Juweliers. Es war ein sehr ärmlicher Laden, wie er für diesen Teil der Stadt paßte, und das Schaufenster mit solchen wertlosen Schmucksachen angefüllt, wie man sie bei Pfandleihern und Hehlern zusammenkauft. Der Kaufmannssohn, der sich auf Edelsteine sehr gut verstand, konnte kaum einen halbwegs schönen Stein darunter finden.

Plötzlich fiel sein Blick auf einen altmodischen Schmuck aus dünnem Gold, mit einem Beryll verziert, der ihn irgendwie an die alte Frau erinnerte. Wahrscheinlich hatte er ein ähnliches Stück aus der Zeit, wo sie eine junge Frau gewesen war, einmal bei ihr gesehen. Auch schien ihm der blasse, eher melancholische Stein in einer seltsamen Weise zu ihrem Alter und Aussehen zu passen; und die altmodische Fassung war von der gleichen Traurigkeit. So trat er in den niedrigen Laden, um den Schmuck zu kaufen. Der Juwelier war sehr erfreut, einen so gut gekleideten Kunden eintreten zu sehen, und wollte ihm noch seine wertvolleren Steine zeigen, die er nicht ins Schaufenster legte. Aus Höflichkeit gegen den alten Mann ließ er sich vieles zeigen, hatte aber weder Lust, mehr zu kaufen, noch hätte er bei seinem einsamen Leben eine Verwendung für derartige Geschenke gewußt. Endlich wurde er ungeduldig und gleichzeitig verlegen, denn er wollte loskommen und doch den Alten nicht kränken. Er beschloß, noch eine Kleinigkeit zu kaufen und dann sogleich hinauszugehen. Gedankenlos betrachtete er über die Schulter des Juweliers hinwegsehend einen kleinen silbernen Handspiegel, der halb erblindet war. Da kam ihm aus einem anderen Spiegel im Innern das Bild des Mädchens entgegen mit den dunklen Köpfen der ehernen Göttinnen zu beiden Seiten; flüchtig empfand er, daß sehr viel von ihrem Reiz darin lag, wie die Schultern und der Hals in demütiger kindlicher Grazie die Schönheit des Hauptes trugen, des Hauptes einer jungen Königin. Und flüchtig fand er es hübsch, ein dünnes goldenes Kettchen an diesem Hals zu sehen, vielfach herumgeschlungen, kindlich und doch an einen Panzer gemahnend. Und er verlangte, solche Ketten zu sehen. Der Alte machte eine Türe auf und bat ihn, in einen zweiten Raum zu treten, ein niedriges Wohnzimmer, wo aber auch in Glasschränken und auf offenen Gestellen eine Menge Schmucksachen ausgelegt waren. Hier fand er bald ein Kettchen, das ihm gefiel, und bat den Juwelier, ihm jetzt den Preis der beiden Schmucksachen zu sagen. Der Alte bat ihn noch, die merkwürdigen, mit Halbedelsteinen besetzten Beschläge einiger altertümlichen Sättel in Augenschein zu nehmen, er aber erwiderte, daß er sich als Sohn eines Kaufmannes nie mit Pferden abgegeben habe, ja nicht einmal zu reiten verstehe und weder an alten noch an neuen Sätteln Gefallen finde, bezahlte mit einem Goldstück und einigen Silbermünzen, was er gekauft hatte, und zeigte einige Ungeduld, den Laden zu verlassen. Während der Alte, ohne mehr ein Wort zu sprechen, ein schönes Seidenpapier hervorsuchte und das Kettchen und den Beryllschmuck, jedes für sich, einwickelte, trat der Kaufmannssohn zufällig an das einzige niedrige vergitterte Fenster und schaute hinaus. Er erblickte einen offenbar zum Nachbarhaus gehörigen, sehr schön gehaltenen Gemüsegarten, dessen Hintergrund durch zwei Glashäuser und eine hohe Mauer gebildet wurde. Er bekam sogleich Lust, diese Glashäuser zu sehen, und fragte den Juwelier, ob er ihm den Weg sagen könne. Der Juwelier händigte ihm seine beiden Päckchen ein und führte ihn durch ein Nebenzimmer in den Hof, der durch eine kleine Gittertür mit dem benachbarten Garten in Verbindung stand. Hier blieb der Juwelier stehen und schlug mit einem eisernen Klöppel an das Gitter. Da es aber im Garten ganz still blieb, sich auch im Nachbarhaus niemand regte, so forderte er den Kaufmannssohn auf, nur ruhig die Treibhäuser zu besichtigen und sich, falls man ihn behelligen würde, auf ihn auszureden, der mit dem Besitzer des Gartens gut bekannt sei. Dann öffnete er ihm mit einem Griff durch die Gitterstäbe. Der Kaufmannssohn ging sogleich längs der Mauer zu dem näheren Glashaus, trat ein und fand eine solche Fülle seltener und merkwürdiger Narzissen und Anemonen und so seltsames, ihm völlig unbekanntes Blattwerk, daß er sich lange nicht sattsehen konnte. Endlich aber schaute er auf und gewahrte, daß die Sonne ganz, ohne daß er es beachtet hatte, hinter den Häusern untergegangen war. Jetzt wollte er nicht länger in einem fremden, unbewachten Garten bleiben, sondern nur von außen einen Blick durch die Scheiben des zweiten Treibhauses werfen und dann fortgehen. Wie er so spähend an den Glaswänden des zweiten langsam vorüberging, erschrak er plötzlich sehr heftig und fuhr zurück. Denn ein Mensch hatte sein Gesicht an den Scheiben und schaute ihn an. Nach einem Augenblick beruhigte er sich und wurde sich bewußt, daß es ein Kind war, ein höchstens vierjähriges, kleines Mädchen, dessen weißes Kleid und blasses Gesicht gegen die Scheiben gedrückt waren. Aber als er jetzt näher hinsah, erschrak er abermals, mit einer unangenehmen Empfindung des Grauens im Nacken und einem leisen Zusammenschnüren in der Kehle und tiefer in der Brust. Denn das Kind, das ihn regungslos und böse ansah, glich in einer unbegreiflichen Weise dem fünfzehnjährigen Mädchen, das er in seinem Hause hatte. Alles war gleich, die lichten Augenbrauen, die feinen, bebenden Nasenflügel, die dünnen Lippen; wie die andere zog auch das Kind eine der Schultern etwas in die Höhe. Alles war gleich, nur daß in dem Kind das alles einen Ausdruck gab, der ihm Entsetzen verursachte. Er wußte nicht, wovor er so namenlose Furcht empfand. Er wußte nur, daß er es nicht ertragen werde, sich umzudrehen und zu wissen, daß dieses Gesicht hinter ihm durch die Scheiben starrte.

In seiner Angst ging er sehr schnell auf die Tür des Glashauses zu, um hineinzugehen; die Tür war zu, von außen verriegelt; hastig bückte er sich nach dem Riegel, der sehr tief war, stieß ihn so heftig zurück, daß er sich ein Glied des kleinen Fingers schmerzlich zerrte, und ging, fast laufend, auf das Kind zu. Das Kind ging ihm entgegen und ohne ein Wort zu reden, stemmte es sich gegen seine Kniee, und suchte mit seinen schwachen kleinen Händen ihn hinauszudrängen. Er hatte Mühe, es nicht zu treten. Aber seine Angst minderte sich in der Nähe. Er beugte sich über das Gesicht des Kindes, das ganz blaß war und dessen Augen vor Zorn und Haß bebten, während die kleinen Zähne des Unterkiefers sich mit unheimlicher Wut in die Oberlippe drückten. Seine Angst verging für einen Augenblick, als er dem Mädchen die kurzen, feinen Haare streichelte. Aber augenblicklich erinnerte er sich an das Haar des Mädchens in seinem Hause, das er einmal berührt hatte, als sie totenblaß, mit geschlossenen Augen, in ihrem Bette lag, und gleich lief ihm wieder ein Schauer den Rücken hinab und seine Hände fuhren zurück. Sie hatte es aufgegeben, ihn wegdrängen zu wollen. Sie trat ein paar Schritte zurück und schaute gerade vor sich hin. Fast unerträglich wurde ihm der Anblick des schwachen, in einem weißen Kleidchen steckenden Puppenkörpers und des verachtungsvollen, grauenhaften, blassen Kindergesichtes. Er war so erfüllt mit Grauen, daß er einen Stich in den Schläfen und in der Kehle empfing, als seine Hand in der Tasche an etwas Kaltes streifte. Es waren ein paar Silbermünzen. Er nahm sie heraus, beugte sich zu dem Kinde nieder und gab sie ihm, weil sie glänzten und klirrten. Das Kind nahm sie und ließ sie ihm vor den Füßen niederfallen, daß sie in einer Spalte des auf einem Rost von Brettern ruhenden Bodens verschwanden. Dann kehrte es ihm den Rücken und ging langsam fort. Eine Weile stand er regungslos und hatte Herzklopfen vor Angst, daß es wiederkommen werde und von außen auf ihn durch die Scheiben schauen. Jetzt hätte er gleich fortgehen mögen, aber es war besser, eine Weile vergehen zu lassen, damit das Kind aus dem Garten fortginge. Jetzt war es in dem Glashause schon nicht mehr ganz hell und die Formen der Pflanzen fingen an, sonderbar zu werden. In einiger Entfernung traten aus dem Halbdunkel schwarze, sinnlos drohende Zweige unangenehm hervor und dahinter schimmerte es weiß, als wenn das Kind dort stünde. Auf einem Brette standen in einer Reihe irdene Töpfe mit Wachsblumen. Um eine kleine Zeit zu übertäuben, zählte er die Blüten, die in ihrer Starre lebendigen Blumen unähnlich waren und etwas von Masken hatten, heimtückischen Masken mit zugewachsenen Augenlöchern. Als er fertig war, ging er zur Türe und wollte hinaus. Die Tür gab nicht nach; das

Kind hatte sie von außen verriegelt. Er wollte schreien, aber er fürchtete sich vor seiner eigenen Stimme. Er schlug mit den Fäusten an die Scheiben. Der Garten und das Haus blieben totenstill. Nur hinter ihm glitt etwas raschelnd durch die Sträucher. Er sagte sich, daß es Blätter waren, die sich durch die Erschütterung der dumpfen Luft abgetrennt hatten und niederfielen. Trotzdem hielt er mit dem Klopfen inne und bohrte die Blicke durch das halbdunkle Gewirr der Bäume und Ranken. Da sah er in der dämmerigen Hinterwand etwas wie ein Viereck dunkler Linien. Er kroch hin, jetzt schon unbekümmert, daß er viele irdene Gartentöpfe zertrat und die hohen dünnen Stämme und rauschenden Fächerkronen über und hinter ihm gespenstisch zusammenstürzten. Das Viereck dunkler Linien war der Ausschnitt einer Tür und sie gab dem Drucke nach. Die freie Luft ging über sein Gesicht; hinter sich hörte er die zerknickten Stämme und niedergedrückten Blätter wie nach einem Gewitter sich leise raschelnd erheben.

Er stand in einem schmalen, gemauerten Gange; oben sah der freie Himmel herein und die Mauer zu beiden Seiten war kaum über mannshoch. Aber der Gang war nach einer Länge von beiläufig fünfzehn Schritten wieder vermauert, und schon glaubte er sich abermals gefangen. Unschlüssig ging er vor; da war die Mauer zur Rechten in Mannsbreite durchbrochen und aus der Öffnung lief ein Brett über leere Luft nach einer gegenüberliegenden Plattform; diese war auf der zugewendeten Seite von einem niedrigen Eisengitter geschlossen, auf den beiden anderen von der Hinterseite hoher bewohnter Häuser. Dort, wo das Brett wie eine Enterbrücke auf dem Rand der Plattform aufruhte, hatte das Gitter eine kleine Tür.

So groß war die Ungeduld des Kaufmannssohnes, aus dem Bereiche seiner Angst zu kommen, daß er sogleich einen, dann den anderen Fuß auf das Brett setzte und, den

Blick fest auf das jenseitige Ufer gerichtet, anfing, hinüberzugehen. Aber unglücklicherweise wurde er sich doch bewußt, daß er über einem viele Stockwerke tiefen, gemauerten Graben hing; in den Sohlen und Kniebeugen fühlte er die Angst und Hilflosigkeit, schwindelnd im ganzen Leibe, die Nähe des Todes. Er kniete nieder und schloß die Augen; da stießen seine vorwärts tastenden Arme an die Gitterstäbe. Er umklammerte sie fest, sie gaben nach, und mit leisem Knirschen, das ihm, wie der Anhauch des Todes, den Leib durchschnitt, öffnete sich gegen ihn, gegen den Abgrund, die Tür, an der er hing; und im Gefühle seiner inneren Müdigkeit und großen Mutlosigkeit fühlte er voraus, wie die glatten Eisenstäbe seinen Fingern, die ihm erschienen wie die Finger eines Kindes, sich entwinden und er hinunterstürzt längs der Mauer zerschellend. Aber das leise Aufgehen der Türe hielt inne, ehe seine Füße das Brett verloren und mit einem Schwunge warf er seinen zitternden Körper durch die Öffnung hinein auf den harten Boden.

Er konnte sich nicht freuen; ohne sich umzusehen, mit einem dumpfen Gefühle, wie Haß gegen die Sinnlosigkeit dieser Qualen, ging er in eines der Häuser und dort die verwahrloste Stiege hinunter und trat wieder hinaus in eine Gasse, die häßlich und gewöhnlich war. Aber er war schon sehr traurig und müde und konnte sich auf gar nichts besinnen, was ihm irgend welcher Freude wert schien. Seltsam war alles von ihm gefallen und ganz leer und vom Leben verlassen ging er durch die Gasse und die nächste und die nächste. Er verfolgte eine Richtung, von der er wußte, daß sie ihn dorthin zurückbringen werde, wo in dieser Stadt die reichen Leute wohnten und wo er sich eine Herberge für die Nacht suchen könnte. Denn es verlangte ihn sehr nach einem Bette. Mit einer kindischen Sehnsucht erinnerte er sich an die Schönheit seines eigenen breiten Bettes, und auch die Betten fielen ihm ein, die der große König der Vergangenheit für sich und seine Gefährten errichtet hatte, als sie Hochzeit hielten mit den Töchtern der unterworfenen Könige, für sich ein Bett von Gold, für die anderen von Silber; getragen von Greifen und geflügelten Stieren. Indessen war er zu den niedrigen Häusern gekommen, wo die Soldaten wohnen. Er achtete nicht darauf. An einem vergitterten Fenster saßen ein paar Soldaten mit gelblichen Gesichtern und traurigen Augen und riefen ihm etwas zu. Da hob er den Kopf und atmete den dumpfen Geruch, der aus dem Zimmer kam, einen ganz besonders beklemmenden Geruch. Aber er verstand nicht, was sie von ihm wollten. Weil sie ihn aber aus seinem achtlosen Dahingehen aufgestört hatten, schaute er jetzt in den Hof hinein, als er am Tore vorbeikam. Der Hof war sehr groß und traurig und, weil es dämmerte, erschien er noch größer und trauriger. Auch waren sehr wenige Menschen darin und die Häuser, die ihn umgaben, waren niedrig und von schmutzig gelber Farbe. Das machte ihn noch öder und größer. An einer Stelle waren in einer geraden Linie beiläufig zwanzig Pferde angepflöckt; vor jedem lag ein Soldat in einem Stallkittel aus schmutzigem Zwilch auf den Knieen und wusch ihm die Hufe. Ganz in der Ferne kamen viele andere in ähnlichen Anzügen aus Zwilch zu zweien aus einem Tore. Sie gingen langsam und schlürfend und trugen schwere Säcke auf den Schultern. Erst als sie näher kamen, sah er, daß in den offenen Säcken, die sie schweigend schleppten, Brot war. Er sah zu, wie sie langsam in einem Torweg verschwanden und so wie unter einer häßlichen, tückischen Last dahingingen und ihr Brot in solchen Säcken trugen, wie die, worin die Traurigkeit ihres Leibes gekleidet war.

Dann ging er zu denen, die vor ihren Pferden auf den Knieen lagen und ihnen die Hufe wuschen. Auch diese sahen einander ähnlich und glichen denen am Fenster und denen, die Brot getragen hatten. Sie mußten aus benachbarten

Dörfern genommen sein. Auch sie redeten kaum ein Wort untereinander. Da es ihnen sehr schwer wurde, den Vorderfuß des Pferdes zu halten, schwankten ihre Köpfe und ihre müden, gelblichen Gesichter hoben und beugten sich wie unter einem starken Winde. Die Köpfe der meisten Pferde waren häßlich und hatten einen boshaften Ausdruck durch zurückgelegte Ohren und hinaufgezogene Oberlippen, welche die oberen Eckzähne bloßlegten. Auch hatten sie meist böse, rollende Augen und eine seltsame Art, aus schiefgezogenen Nüstern ungeduldig und verächtlich die Luft zu stoßen. Das letzte Pferd in der Reihe war besonders stark und häßlich. Es suchte den Mann, der vor ihm kniete und den gewaschenen Huf trocken rieb, mit seinen großen Zähnen in die Schulter zu beißen. Der Mann hatte so hohle Wangen und einen so todestraurigen Ausdruck in den müden Augen, daß der Kaufmannssohn von tiefem, bitterem Mitleid überwältigt wurde. Er wollte den Elenden durch ein Geschenk für den Augenblick aufheitern und griff in die Tasche nach Silbermünzen. Er fand keine und erinnerte sich, daß er die letzten dem Kinde im Glashause hatte schenken wollen, das sie ihm mit einem so boshaften Blick vor die Füße gestreut hatte. Er wollte eine Goldmünze suchen, denn er hatte deren sieben oder acht für die Reise eingesteckt.

In dem Augenblicke wandte das Pferd den Kopf und sah ihn an mit tückisch zurückgelegten Ohren und rollenden Augen, die noch boshafter und wilder aussahen, weil eine Blässe gerade in der Höhe der Augen quer über den häßlichen Kopf lief. Bei dem häßlichen Anblicke fiel ihm blitzartig ein längst vergessenes Menschengesicht ein. Wenn er sich noch so sehr bemüht hätte, wäre er nicht imstande gewesen, sich die Züge dieses Menschen je wieder hervorzurufen; jetzt aber waren sie da. Die Erinnerung aber, die mit dem Gesichte kam, war nicht so deutlich. Er wußte nur, daß es aus der Zeit von seinem zwölften Jahre war, aus einer Zeit, mit deren Erinnerung der Geruch von süßen, warmen, geschälten Mandeln irgendwie verknüpft war.

Und er wußte, daß es das verzerrte Gesicht eines häßlichen armen Menschen war, den er ein einzigesmal im Laden seines Vaters gesehen hatte. Und daß das Gesicht von Angst verzerrt war, weil die Leute ihn bedrohten, weil er ein großes Goldstück hatte, und nicht sagen wollte, wo er es erlangt hatte.

Während das Gesicht schon wieder zerging, suchte sein Finger noch immer in den Falten seiner Kleider, und als ein plötzlicher, undeutlicher Gedanke ihn hemmte, zog er die Hand unschlüssig heraus und warf dabei den in Seidenpapier eingewickelten Schmuck mit dem Beryll dem Pferd unter die Füße. Er bückte sich, das Pferd schlug ihm den Huf mit aller Kraft nach seitwärts in die Lenden und er fiel auf den Rücken. Er stöhnte laut, seine Kniee zogen sich in die Höhe und mit den Fersen schlug er immerfort auf den Boden. Ein paar von den Soldaten standen auf und hoben ihn an den Schultern und unter den Kniekehlen. Er spürte den Geruch ihrer Kleider, denselben dumpfen, trostlosen, der früher aus dem Zimmer auf die Straße gekommen war, und wollte sich besinnen, wo er den vor langer, sehr langer Zeit schon eingeatmet hatte: dabei vergingen ihm die Sinne. Sie trugen ihn fort über eine niedrige Treppe, durch einen langen, halbfinsteren Gang in eines ihrer Zimmer und legten ihn auf ein niedriges eisernes Bett. Dann durchsuchten sie seine Kleider, nahmen ihm das Kettchen und die sieben Goldstücke und endlich gingen sie, aus Mitleid mit seinem unaufhörlichen Stöhnen, einen ihrer Wundärzte zu holen.

Nach einer Zeit schlug er die Augen auf und wurde sich seiner quälenden Schmerzen bewußt. Noch mehr aber erschreckte und ängstigte ihn, allein zu sein in diesem trostlosen Raum. Mühsam drehte er die Augen in den schmerzenden Höhlen gegen die Wand und gewahrte auf einem Brette drei Laibe von solchem Brot, wie die es über den Hof getragen hatten.

Sonst war nichts in dem Zimmer, als harte, niedrige Betten und der Geruch von trockenem Schilf, womit die Betten gefüllt waren, und jener andere trostlose, dumpfe Geruch.

Eine Weile beschäftigten ihn nur seine Schmerzen und die erstickende Todesangst, mit der verglichen die Schmerzen eine Erleichterung waren. Dann konnte er die Todesangst für einen Augenblick vergessen und daran denken, wie alles gekommen war.

Da empfand er eine andere Angst, eine stechende, minder erdrückende, eine Angst, die er nicht zum ersten Male fühlte; jetzt aber fühlte er sie wie etwas Überwundenes. Und er ballte die Fäuste und verfluchte seine Diener, die ihn in den Tod getrieben hatten; der eine in die Stadt, die Alte in den Juwelierladen, das Mädchen in das Hinterzimmer und das Kind durch sein tückisches Ebenbild in das Glashaus, von wo er sich dann über grauenhafte Stiegen und Brücken bis unter den Huf des Pferdes taumeln sah. Dann fiel er zurück in große, dumpfe Angst. Dann wimmerte er wie ein Kind, nicht vor Schmerz, sondern vor Leid, und die Zähne schlugen ihm zusammen.

Mit einer großen Bitterkeit starrte er in sein Leben zurück und verleugnete alles, was ihm lieb gewesen war. Er haßte seinen vorzeitigen Tod so sehr, daß er sein Leben haßte, weil es ihn dahin geführt hatte. Diese innere Wildheit verbrauchte seine letzte Kraft. Ihn schwindelte, und für eine Weile schlief er wieder einen taumeligen schlechten Schlaf. Dann erwachte er und wollte schreien, weil er noch immer allein war, aber die Stimme versagte ihm. Zuletzt erbrach er Galle, dann Blut, und starb mit verzerrten Zügen, die Lippen so verrissen, daß Zähne und Zahnfleisch entblößt waren und ihm einen fremden, bösen Ausdruck gaben.

Reitergeschichte

Den 22. Juli 1848, vor 6 Uhr morgens, verließ ein Streifkommando, die zweite Eskadron von Wallmodenkürassieren, Rittmeister Baron Rofrano mit 107 Reitern, das Kasino San Alessandro und ritt gegen Mailand. Über der freien, glänzenden Landschaft lag eine unbeschreibliche Stille; von den Gipfeln der fernen Berge stiegen Morgenwolken wie stille Rauchwolken gegen den leuchtenden Himmel; der Mais stand regungslos, und zwischen Baumgruppen, die aussahen, wie gewaschen, glänzten Landhäuser und Kirchen her. Kaum hatte das Streifkommando die äußerste Vorpostenlinie der eigenen Armee etwa um eine Meile hinter sich gelassen, als zwischen den Maisfeldern Waffen aufblitzten und die Avantgarde feindliche Fußtruppen meldete. Die Schwadron formierte sich neben der Landstraße zur Attacke, wurde von eigentümlich lauten, fast miauenden Kugeln überschwirrt, attackierte querfeldein und trieb einen Trupp ungleichmäßig bewaffneter Menschen wie die Wachteln vor sich her. Es waren Leute der Legion Manaras, mit sonderbaren Kopfbedeckungen. Die Gefangenen wurden einem Korporal und acht Gemeinen übergeben und nach rückwärts geschickt. Vor einer schönen Villa, deren Zufahrt uralte Zypressen flankierten, meldete die Avantgarde verdächtige Gestalten. Der Wachtmeister Anton Lerch saß ab, nahm zwölf mit Karabinern bewaffnete Leute, umstellte die Fenster und nahm achtzehn Studenten der Pisaner Legion gefangen, wohlerzogene und hübsche junge Leute mit weißen Händen und halblangem Haar. Eine halbe Stunde später hob die Schwadron einen Mann auf, der in der Tracht eines Bergamasken vorüberging und durch sein allzu harmloses und unscheinbares Auftreten verdächtig wurde. Der Mann trug im Rockfutter eingenäht die wichtigsten Detailpläne, die Errichtung von Freikorps in den Giudikarien und deren Kooperation mit der piemontesischen Armee betreffend. Gegen 10 Uhr vormittags fiel dem Streifkommando eine Herde Vieh in die Hände. Unmittelbar nachher stellte sich ihm ein starker feindlicher Trupp entgegen und beschoß die Avantgarde von einer Friedhofsmauer aus. Der Tete-Zug des Leutnants Grafen Trautsohn übersprang die niedrige Mauer und hieb zwischen den Gräbern auf die ganz verwirrten Feindlichen ein, von denen ein großer Teil in die Kirche und von dort durch die Sakristeitür in ein dichtes Gehölz sich rettete. Die siebenundzwanzig neuen Gefangenen meldeten sich als neapolitanische Freischaren unter päpstlichen Offizieren. Die Schwadron hatte einen Toten. Einer das Gehölz umreitenden Rotte, bestehend aus dem Gefreiten Wotrubek und den Dragonern Holl und Haindl, fiel eine mit zwei Ackergäulen bespannte leichte Haubitze in die Hände, indem sie auf die Bedeckung einhieben und die Gäule am Kopfzeug packten und umwendeten. Der Gefreite Wotrubek wurde als leicht verwundet mit der Meldung der bestandenen Gefechte und anderer Glücksfälle ins Hauptquartier zurückgeschickt, die Gefangenen gleichfalls nach rückwärts transportiert, die Haubitze aber von der nach abgegebener Eskorte noch 78 Reiter zählenden Eskadron mitgenommen.

Nachdem laut übereinstimmender Aussagen der verschiedenen Gefangenen die Stadt Mailand von den feindlichen sowohl regulären als irregulären Truppen vollständig verlassen, auch von allem Geschütz und Kriegsvorrat entblößt war, konnte der Rittmeister sich selbst und der Schwadron nicht versagen, in diese große und schöne, wehrlos daliegende Stadt einzureiten. Unter dem Geläute der

Mittagsglocken, der Generalmarsch von den vier Trompeten hinaufgeschmettert in den stählern funkelnden Himmel, an tausend Fenstern hinklirrend und zurückgeblitzt auf achtundsiebzig Kürasse, achtundsiebzig aufgestemmte nackte Klingen; Straße rechts, Straße links, wie ein aufgewühlter Ameishaufen sich füllend mit staunenden Gesichtern; fluchende und erbleichende Gestalten hinter Haustoren verschwindend, verschlafene Fenster aufgerissen von den entblößten Armen schöner Unbekannter; vorbei an Santa Babila, an San Fedele, an San Carlo, am weltberühmten marmornen Dom, an San Satiro, San Giorgio, San Lorenzo, San Eustorgio; deren uralte Erztore alle sich auftuend und unter Kerzenschein und Weihrauchqualm silberne Heilige und brokatgekleidete strahlenäugige Frauen hervorwinkend; aus tausend Dachkammern, dunklen Torbogen, niedrigen Butiken Schüsse zu gewärtigen, und immer wieder nur halbwüchsige Mädchen und Buben, die weißen Zähne und dunklen Haare zeigend; vom trabenden Pferde herab funkelnden Auges auf alles dies hervorblickend aus einer Larve von blutgesprengtem Staub; zur Porta Venezia hinein, zur Porta Ticinese wieder hinaus: so ritt die schöne Schwadron durch Mailand.

Nicht weit vom letztgenannten Stadttor, wo sich ein mit hübschen Platanen bewachsenes Glacis erstreckte, glaubte der Wachtmeister Anton Lerch am ebenerdigen Fenster eines neugebauten hellgelben Hauses ein ihm bekanntes weibliches Gesicht zu sehen. Neugierde bewog ihn, sich im Sattel umzuwenden, und da er gleichzeitig aus einigen steifen Tritten seines Pferdes vermutete, es hätte in eines der vorderen Eisen einen Straßenstein eingetreten, er auch an der Queue der Eskadron ritt und ohne Störung aus dem Gliede konnte, so bewog ihn alles dies zusammen, abzusitzen, und zwar nachdem er gerade das Vorderteil seines Pferdes in den Flur des betreffenden Hauses gelenkt hatte.

Kaum hatte er hier den zweiten weißgestiefelten Vorderfuß seines Braunen in die Höhe gehoben, um den Huf zu prüfen, als wirklich eine aus dem Innern des Hauses ganz vorne in den Flur mündende Zimmertür aufging und in einem etwas zerstörten Morgenanzug eine üppige, beinahe noch junge Frau sichtbar wurde, hinter ihr aber ein helles Zimmer mit Gartenfenstern, worauf ein paar Töpfchen Basilika und rote Pelargonien, ferner mit einem Mahagonischrank und einer mythologischen Gruppe aus Biskuit dem Wachtmeister sich zeigte, während seinem scharfen Blick noch gleichzeitig in einem Pfeilerspiegel die Gegenwand des Zimmers sich verriet, ausgefüllt von einem großen weißen Bette und einer Tapetentür, durch welche sich ein beleibter, vollständig rasierter älterer Mann im Augenblicke zurückzog.

Indem aber dem Wachtmeister der Name der Frau einfiel und gleichzeitig eine Menge anderes: daß es die Witwe oder geschiedene Frau eines kroatischen Rechnungsunteroffiziers war, daß er mit ihr vor neun oder zehn Jahren in Wien in Gesellschaft eines anderen, ihres damaligen eigentlichen Liebhabers, einige Abende und halbe Nächte verbracht hatte, suchte er nun mit den Augen unter ihrer jetzigen Fülle die damalige üppig-magere Gestalt wieder hervorzuziehen. Die Dastehende aber lächelte ihn in einer halb geschmeichelten slawischen Weise an, die ihm das Blut in den starken Hals und unter die Augen trieb, während eine gewisse gezierte Manier, mit der sie ihn anredete, sowie auch der Morgenanzug und die Zimmereinrichtung ihn einschüchterten. Im Augenblick aber, während er mit etwas schwerfälligem Blick einer großen Fliege nachsah, die über den Haarkamm der Frau lief, und äußerlich auf nichts achtete, als wie er seine Hand, diese Fliege zu scheuchen, sogleich auf den weißen, warm und kühlen Nacken legen würde, erfüllte ihn das Bewußtsein der heute bestandenen

Gefechte und anderer Glücksfälle von oben bis unten, so daß er ihren Kopf mit schwerer Hand nach vorwärts drückte und dazu sagte: »Vuic«, – diesen ihren Namen hatte er gewiß seit 10 Jahren nicht wieder in den Mund genommen und ihren Taufnamen vollständig vergessen – »in acht Tagen rücken wir ein, und dann wird das da mein Quartier«, auf die halboffene Zimmertür deutend. Unter dem hörte er im Hause mehrfach Türen zuschlagen, fühlte sich von seinem Pferde, zuerst durch stummes Zerren am Zaum, dann, indem es laut den anderen nachwieherte, fortgedrängt, saß auf und trabte der Schwadron nach, ohne von der Vuic eine andere Antwort als ein verlegenes Lachen mit in den Nacken gezogenem Kopf mitzunehmen. Das ausgesprochene Wort aber machte seine Gewalt geltend. Seitwärts der Rottenkolonne, einen nicht mehr frischen Schritt reitend, unter der schweren metallischen Glut des Himmels, den Blick in der mitwandernden Staubwolke verfangen, lebte sich der Wachtmeister immer mehr in das Zimmer mit den Mahagonimöbeln und den Basilikumtöpfen hinein und zugleich in eine Zivilatmosphäre, durch welche doch das Kriegsmäßige durchschimmerte, eine Atmosphäre von Behaglichkeit und angenehmer Gewalttätigkeit ohne Dienstverhältnis, eine Existenz in Hausschuhen, den Korb des Säbels durch die linke Tasche des Schlafrockes durchgesteckt. Der rasierte, beleibte Mann, der durch die Tapetentür verschwunden war, ein Mittelding zwischen Geistlichem und pensioniertem Kammerdiener, spielte darin eine bedeutende Rolle, fast mehr noch als das schöne breite Bett und die feine weiße Haut der Vuic. Der Rasierte nahm bald die Stelle eines vertraulich behandelten, etwas unterwürfigen Freundes ein, der Hoftratsch erzählte, Tabak und Kapaunen brachte, bald wurde er an die Wand gedrückt, mußte Schweiggelder zahlen, stand mit allen möglichen Umtrieben in Verbindung, war piemontesischer Vertrauter, päpstlicher

Koch, Kuppler, Besitzer verdächtiger Häuser mit dunklen Gartensälen für politische Zusammenkünfte, und wuchs zu einer schwammigen Riesengestalt, der man an zwanzig Stellen Spundlöcher in den Leib schlagen und statt Blut Gold abzapfen konnte.

Dem Streifkommando begegnete in den Nachmittagsstunden nichts Neues und die Träumereien des Wachtmeisters erfuhren keine Hemmungen. Aber in ihm war ein Durst nach unerwartetem Erwerb, nach Gratifikationen, nach plötzlich in die Tasche fallenden Dukaten rege geworden. Denn der Gedanke an das bevorstehende erste Eintreten in das Zimmer mit den Mahagonimöbeln war der Splitter im Fleisch, um den herum alles von Wünschen und Begierden schwärmte.

Als nun gegen Abend das Streifkommando mit gefütterten und halbwegs ausgerasteten Pferden in einem Bogen gegen Lodi und die Addabrücke vorzudringen suchte, wo denn doch Fühlung mit dem Feind sehr zu gewärtigen war, schien dem Wachtmeister ein von der Landstraße abliegendes Dorf, mit halbverfallenem Glockenturm in einer dunkelnden Mulde gelagert, auf verlockende Weise verdächtig, so daß er, die Gemeinen Holl und Scarmolin zu sich winkend, mit diesen beiden vom Marsche der Eskadron seitlich abbog und in dem Dorfe geradezu einen feindlichen General mit geringer Bedeckung zu überraschen und anzugreifen oder anderswie ein ganz außerordentliches Prämium zu verdienen hoffte, so aufgeregt war seine Einbildung. Vor dem elenden, scheinbar verödeten Nest angelangt, befahl er dem Scarmolin links, dem Holl rechts die Häuser außen zu umreiten, während er selbst, Pistole in der Faust, die Straße durchzugaloppieren sich anschickte, bald aber, harte Steinplatten unter sich fühlend, auf welchen noch dazu irgendein glitschriges Fett ausgegossen war, sein Pferd in Schritt parieren mußte. Das Dorf blieb totenstill; kein Kind, kein Vogel, kein Lufthauch. Rechts und links standen schmutzige kleine Häuser, von deren Wänden der Mörtel abgefallen war; auf den nackten Ziegeln war hie und da etwas Häßliches mit Kohle gezeichnet; zwischen bloßgelegten Türpfosten ins Innere schauend, sah der Wachtmeister hie und da eine faule, halbnackte Gestalt auf einer Bettstatt lungern oder schleppend, wie mit ausgerenkten Hüften, durchs Zimmer gehen. Sein Pferd ging schwer und schob die Hinterbeine mühsam unter, wie wenn sie von Blei wären. Indem er sich umwendete und bückte, um nach dem rückwärtigen Eisen zu sehen, schlürften Schritte aus einem Hause, und da er sich aufrichtete, ging dicht vor seinem Pferde eine Frauensperson, deren Gesicht er nicht sehen konnte. Sie war nur halb angekleidet; ihr schmutziger, abgerissener Rock von geblümter Seide schleppte im Rinnsal, ihre nackten Füße staken in schmutzigen Pantoffeln; sie ging so dicht vor dem Pferde, daß der Hauch aus den Nüstern den fettig glänzenden Lockenbund bewegte, der ihr unter einem alten Strohhute in den entblößten Nacken hing, und doch ging sie nicht schneller und wich dem Reiter nicht aus. Unter einer Türschwelle zur Linken rollten zwei ineinander verbissene blutende Ratten in die Mitte der Straße, von denen die unterliegende so jämmerlich aufschrie, daß das Pferd des Wachtmeisters sich verhielt und mit schiefem Kopf und hörbarem Atem gegen den Boden stierte. Ein Schenkeldruck brachte es wieder vorwärts und nun war die Frau in einem Hausflur verschwunden, ohne daß der Wachtmeister hatte ihr Gesicht sehen können. Aus dem nächsten Hause lief eilfertig mit gehobenem Kopfe ein Hund heraus, ließ einen Knochen in der Mitte der Straße fallen und versuchte, ihn in einer Fuge des Pflasters zu verscharren. Es war eine weiße unreine Hündin mit hängenden Zitzen; mit teuflischer Hingabe scharrte sie, packte dann den Knochen mit den Zähnen und trug ihn ein Stück weiter. Indessen sie wieder zu scharren anfing, waren schon drei Hunde bei ihr: zwei waren sehr jung, mit weichen Knochen und schlaffer Haut; ohne zu bellen und ohne beißen zu können, zogen sie einander mit stumpfen Zähnen an den Lefzen. Der Hund, der zugleich mit ihnen gekommen war, war ein lichtgelbes Windspiel von so aufgeschwollenem Leib, daß es nur ganz langsam auf den vier dünnen Beinen sich weitertragen konnte. An dem dicken wie eine Trommel gespannten Leib erschien der Kopf viel zu klein; in den kleinen ruhelosen Augen war ein entsetzlicher Ausdruck von Schmerz und Beklemmung. Sogleich sprangen noch zwei Hunde hinzu: ein magerer, weißer, von äußerst gieriger Häßlichkeit, dem schwarze Rinnen von den entzündeten Augen herunterliefen, und ein schlechter Dachshund auf hohen Beinen. Dieser hob seinen Kopf gegen den Wachtmeister und schaute ihn an. Er mußte sehr alt sein. Seine Augen waren unendlich müde und traurig. Die Hündin aber lief in blöder Hast vor dem Reiter hin und her; die beiden jungen schnappten lautlos mit ihrem weichen Maul nach den Fesseln des Pferdes, und das Windspiel schleppte seinen entsetzlichen Leib hart vor den Hufen. Der Braun konnte keinen Schritt mehr tun. Als aber der Wachtmeister seine Pistole auf eines der Tiere abdrücken wollte und die Pistole versagte, gab er dem Pferde beide Sporen und dröhnte über das Steinpflaster hin. Nach wenigen Sätzen aber mußte er das Pferd scharf parieren. Denn hier sperrte eine Kuh den Weg, die ein Bursche mit gespanntem Strick zur Schlachtbank zerrte. Die Kuh aber, von dem Dunst des Blutes und der an den Türpfosten genagelten frischen Haut eines schwarzen Kalbes zurückschaudernd, stemmte sich auf ihren Füßen, sog mit geblähten Nüstern den rötlichen Sonnendunst des Abends in sich und riß sich, bevor der Bursche sie mit Prügel und Strick hinüber bekam, mit kläglichen Augen noch ein Maulvoll von dem Heu ab, das der Wachtmeister vorne am Sattel befestigt hatte. Er hatte nun das letzte Haus des Dorfes hinter sich und konnte, zwischen zwei niedrigen, abgebröckelten Mauern reitend, jenseits einer alten einbogigen Steinbrücke über einen anscheinend trockenen Graben den weiteren Verlauf des Weges absehen, fühlte aber in der Gangart seines Pferdes eine so unbeschreibliche Schwere, ein solches Nichtvorwärtskommen, daß sich an seinem Blick jeder Fußbreit der Mauern rechts und links, ja jeder von den dort sitzenden Tausendfüßen und Asseln mühselig vorbeischob, und ihm war, als hätte er eine unmeßbare Zeit mit dem Durchreiten des widerwärtigen Dorfes verbracht. Wie nun zugleich aus der Brust seines Pferdes ein schwerer rohrender Atem hervordrang, er dies ihm völlig ungewohnte Geräusch aber nicht sogleich richtig erkannte und die Ursache davon zuerst über und neben sich und schließlich in der Entfernung suchte, bemerkte er jenseits der Steinbrücke und beiläufig in gleicher Entfernung von dieser, als wie er sich selbst befand, einen Reiter des eigenen Regiments auf sich zukommen, und zwar einen Wachtmeister, und zwar auf einem Braunen mit weißgestiefelten Vorderbeinen. Da er nun wohl wußte, daß sich in der ganzen Schwadron kein solches Pferd befand, ausgenommen dasjenige, auf welchem er selbst in diesem Augenblicke saß, er das Gesicht des anderen Reiters aber immer noch nicht erkennen konnte, so trieb er ungeduldig sein Pferd sogar mit den Sporen zu einem sehr lebhaften Trab an, worauf auch der andere sein Tempo ganz im gleichen Maße verbesserte, so daß nun nur mehr ein Steinwurf sie trennte, und nun, indem die beiden Pferde, jedes von seiner Seite her, im gleichen Augenblick, jedes mit dem gleichen weißgestiefelten Vorfuß die Brücke betraten, der Wachtmeister mit stierem Blick in der Erscheinung sich selber erkennend, wie sinnlos sein Pferd zurückriß und die rechte Hand mit ausgespreizten Fingern gegen das Wesen vorstreckte, worauf die Gestalt, gleichfalls parierend und die Rechte erhebend, plötzlich nicht da war, die Gemeinen Holl und Scarmolin mit unbefangenen Gesichtern von rechts und links aus dem trockenen Graben auftauchten und gleichzeitig über die Hutweide her, stark und aus gar nicht großer Entfernung die Trompeten der Eskadron »Attacke« bliesen. Im stärksten Galopp eine Erdwelle hinansetzend, sah der Wachtmeister die Schwadron schon im Galopp auf ein Gehölz zu, aus welchem feindliche Reiter mit Piken eilfertig debouchierten; sah, indem, er die vier losen Zügel in der Linken versammelnd, den Handriemen um die Rechte schlang, den vierten Zug sich von der Schwadron ablösen und langsamer werden, war nun schon auf dröhnendem Boden, nun in starkem Staubgeruch, nun mitten im Feinde, hieb auf einen blauen Arm ein, der eine Pike führte, sah dicht neben sich das Gesicht des Rittmeisters mit weit aufgerissenen Augen und grimmig entblößten Zähnen, war dann plötzlich unter lauter feindlichen Gesichtern und fremden Farben eingekeilt, tauchte unter in lauter geschwungenen Klingen, stieß den nächsten in den Hals und vom Pferd herab, sah neben sich den Gemeinen Scarmolin, mit lachendem Gesicht, Einem die Finger der Zügelhand ab- und tief in den Hals des Pferdes hineinhauen, fühlte die Mélée sich lockern und war auf einmal allein, am Rand eines kleinen Baches, hinter einem feindlichen Offizier auf einem Eisenschimmel. Der Offizier wollte über den Bach; der Eisenschimmel versagte. Der Offizier riß ihn herum, wendete dem Wachtmeister ein junges, sehr bleiches Gesicht und die Mündung einer Pistole zu, als ihm ein Säbel in den Mund fuhr, in dessen kleiner Spitze die Wucht eines galoppierenden Pferdes zusammengedrängt war. Der Wachtmeister riß den Säbel zurück und erhaschte an der gleichen Stelle, wo die Finger des Herunterstürzenden ihn losgelassen hatten, den Stangenzügel des Eisenschimmels, der leicht und zierlich wie ein Reh die Füße über seinen sterbenden Herrn hinhob.

Als der Wachtmeister mit dem schönen Beutepferd zurückritt, warf die in schwerem Dunst untergehende Sonne eine ungeheure Röte über die Hutweide. Auch an solchen Stellen, wo gar keine Hufspuren waren, schienen ganze Lachen von Blut zu stehen. Ein roter Widerschein lag auf den weißen Uniformen und den lachenden Gesichtern, die Kürasse und Schabracken funkelten und glühten, und am stärksten drei kleine Feigenbäume, an deren weichen Blättern die Reiter lachend die Blutrinnen ihrer Säbel abgewischt hatten. Seitwärts der rotgefleckten Bäume hielt der Rittmeister und neben ihm der Eskadronstrompeter, der die wie in roten Saft getauchte Trompete an den Mund hob und Appell blies. Der Wachtmeister ritt von Zug zu Zug und sah, daß die Schwadron nicht einen Mann verloren und dafür neun Handpferde gewonnen hatte. Er ritt zum Rittmeister und meldete, immer den Eisenschimmel neben sich, der mit gehobenem Kopf tänzelte und Luft einsog, wie ein junges, schönes und eitles Pferd, das es war. Der Rittmeister hörte die Meldung nur zerstreut an. Er winkte den Leutnant Grafen Trautsohn zu sich, der dann sogleich absaß und mit sechs gleichfalls abgesessenen Kürassieren hinter der Front der Eskadron die erbeutete leichte Haubitze ausspannte, das Geschütz von den sechs Mannschaften zur Seite schleppen und in ein von dem Bach gebildetes, kleines Sumpfwasser versenken ließ, hierauf wieder aufsaß und, nachdem er die nunmehr überflüssigen beiden Zuggäule mit der flachen Klinge fortgejagt hatte, stillschweigend seinen Platz vor dem ersten Zug wieder einnahm. Während dieser Zeit verhielt sich die in zwei Gliedern formierte Eskadron nicht eigentlich unruhig, es herrschte aber doch eine nicht ganz gewöhnliche Stimmung, durch die Erregung von vier an einem Tage glücklich bestandenen Gefechten erklärlich, die sich im leichten Ausbrechen halbunterdrückten Lachens, sowie in halblauten untereinander gewechselten Zurufen äußerte. Auch standen die Pferde nicht ruhig, besonders diejenigen, zwischen denen fremde erbeutete Pferde eingeschoben waren. Nach solchen Glücksfällen schien allen der Aufstellungsraum zu enge, und solche Reiter und Sieger verlangten sich innerlich, nun im offenen Schwarm auf einen neuen Gegner loszugehen, einzuhauen und neue Beutepferde zu packen. In diesem Augenblicke ritt der Rittmeister Baron Rofrano dicht an die Front seiner Eskadron, und indem er von den etwas schläfrigen blauen Augen die großen Lider hob, kommandierte er vernehmlich, aber ohne seine Stimme zu erheben: »Handpferde auslassen!« Die Schwadron stand totenstill. Nur der Eisenschimmel neben dem Wachtmeister streckte den Hals und berührte mit seinen Nüstern fast die Stirne des Pferdes, auf welchem der Rittmeister saß. Der Rittmeister versorgte seinen Säbel, zog eine seiner Pistolen aus dem Halfter, und indem er mit dem Rücken der Zügelhand ein wenig Staub von dem blinkenden Lauf wegwischte, wiederholte er mit etwas lauterer Stimme sein Kommando und zählte gleich nachher »eins« und »zwei«. Nachdem er das »zwei« gezählt hatte, heftete er seinen verschleierten Blick auf den Wachtmeister, der regungslos vor ihm im Sattel saß und ihm starr ins Gesicht sah. Während Anton Lerchs starr aushaltender Blick, in dem nur dann und wann etwas Gedrücktes, Hündisches aufflackerte und wieder verschwand, eine gewisse Art devoten, aus vieljährigem Dienstverhältnisse hervorgegangenen Zutrauens ausdrücken mochte, war sein Bewußtsein von der ungeheuren Gespanntheit dieses Augenblicks fast gar nicht erfüllt, sondern von vielfältigen Bildern einer fremdartigen Behaglichkeit ganz überschwemmt, und aus einer ihm selbst völlig unbekannten Tiefe seines Innern stieg ein bestialischer Zorn gegen den Menschen da vor ihm auf, der ihm das Pferd wegnehmen wollte, ein so entsetzlicher Zorn über das Gesicht, die Stimme, die Haltung und das ganze

Dasein dieses Menschen, wie er nur durch jahrelanges, enges Zusammenleben auf geheimnisvolle Weise entstehen kann. Ob aber in dem Rittmeister etwas Ähnliches vorging, oder ob sich ihm in diesem Augenblicke stummer Insubordination die ganze lautlos um sich greifende Gefährlichkeit kritischer Situationen zusammenzudrängen schien, bleibt im Zweifel: Er hob mit einer nachlässigen, beinahe gezierten Bewegung den Arm, und indem er, die Oberlippe verächtlich hinaufziehend, »drei« zählte, krachte auch schon der Schuß, und der Wachtmeister taumelte, in die Stirn getroffen, mit dem Oberleib auf den Hals seines Pferdes, dann zwischen dem Braun und dem Eisenschimmel zu Boden. Er hatte aber noch nicht hingeschlagen, als auch schon sämtliche Chargen und Gemeinen sich ihrer Beutepferde mit einem Zügelriß oder Fußtritt entledigt hatten und der Rittmeister, seine Pistole ruhig versorgend, die von einem blitzähnlichen Schlag noch nachzuckende Schwadron dem in undeutlicher dämmernder Entfernung anscheinend sich ralliierenden Feinde aufs neue entgegenführen konnte. Der Feind nahm aber die neuerliche Attacke nicht an, und kurze Zeit nachher erreichte das Streifkommando unbehelligt die südliche Vorpostenaufstellung der eigenen Armee.

Erlebnis des Marschalls von Bassompierre

M. de Bassompierre, Journal de ma vie, Köln 1663. Goethe, Unterhaltungen deutscher Ausgewanderten

Zu einer gewissen Zeit meines Lebens brachten es meine Dienste mit sich, daß ich ziemlich regelmäßig mehrmals in der Woche um eine gewisse Stunde über die kleine Brücke ging (denn der Pont neuf war damals noch nicht erbaut) und dabei meist von einigen Handwerkern oder anderen Leuten aus dem Volk erkannt und gegrüßt wurde, am auffälligsten aber und regelmäßigsten von einer sehr hübschen Krämerin, deren Laden an einem Schild mit zwei Engeln kenntlich war, und die, so oft ich in den fünf oder sechs Monaten vorüber kam, sich tief neigte und mir soweit nachsah, als sie konnte. Ihr Betragen fiel mir auf, ich sah sie gleichfalls an und dankte ihr sorgfältig. Einmal, im Spätwinter, ritt ich von Fontainebleau nach Paris und als ich wieder die kleine Brücke heraufkam, trat sie an ihre Ladentür und sagte zu mir, indem ich vorbeiritt: »Mein Herr, Ihre Dienerin!« Ich erwiderte ihren Gruß und, indem ich mich von Zeit zu Zeit umsah, hatte sie sich weiter vorgelehnt, um mir soweit als möglich nachzusehen. Ich hatte einen Bedienten und einen Postillon hinter mir, die ich noch diesen Abend mit Briefen an gewisse Damen nach Fontainebleau zurückschicken wollte. Auf meinen Befehl stieg der Bediente ab und ging zu der jungen Frau, ihr in meinem Namen zu sagen, daß ich ihre Neigung, mich zu sehen und zu grüßen, bemerkt hätte; ich wollte, wenn sie wünschte, mich näher kennen zu lernen, sie aufsuchen, wo sie verlangte.

Sie antwortete dem Bedienten: Er hätte ihr keine erwünschtere Botschaft bringen können, sie wollte kommen, wohin ich sie bestellte.

Im Weiterreiten fragte ich den Bedienten, ob er nicht etwa einen Ort wüßte, wo ich mit der Frau zusammenkommen könnte? Er antwortete, daß er sie zu einer gewissen Kupplerin führen wollte; da er aber ein sehr besorgter und gewissenhafter Mensch war, dieser Diener Wilhelm aus Courtrai, so setzte er gleich hinzu: Da die Pest sich hie und da zeige und nicht nur Leute aus dem niedrigen und schmutzigen Volk, sondern auch ein Doktor und ein Domherr schon daran gestorben seien, so rate er mir, Matratzen, Decken und Leintücher aus meinem Hause mitbringen zu lassen. Ich nahm den Vorschlag an, und er versprach mir ein gutes Bett zu bereiten. Vor dem Absteigen sagte ich noch, er solle auch ein ordentliches Waschbecken dorthin tragen, eine kleine Flasche mit wohlriechender Essenz und etwas Backwerk und Äpfel; auch solle er dafür sorgen, daß das Zimmer tüchtig geheizt werde, denn es war so kalt, daß mir die Füße im Bügel steif gefroren waren, und der Himmel hing voll Schneewolken.

Den Abend ging ich hin und fand eine sehr schöne Frau von ungefähr zwanzig Jahren auf dem Bette sitzen, indes die Kupplerin, ihren Kopf und ihren runden Rücken in ein schwarzes Tuch eingemummt, eifrig in sie hineinredete. Die Tür war angelehnt, im Kamin lohten große frische Scheiter geräuschvoll auf, man hörte mich nicht kommen, und ich blieb einen Augenblick in der Tür stehen. Die Junge sah mit großen Augen ruhig in die Flamme; mit einer Bewegung ihres Kopfes hatte sie sich wie auf Meilen von der widerwärtigen Alten entfernt; dabei war unter einer kleinen Nachthaube, die sie trug, ein Teil ihrer schweren dunklen Haare vorgequollen und fiel, zu ein paar natürlichen Locken sich ringelnd, zwischen Schulter und Brust über das Hemd. Sie trug noch einen kurzen Unterrock von grünwollenem Zeug und Pantoffeln an den Füßen. In diesem Augenblick mußte ich mich durch ein Geräusch verraten haben: Sie warf ihren Kopf herum und bog mir ein Gesicht entgegen, dem die übermäßige Anspannung der Züge fast einen wilden Ausdruck gegeben hätte, ohne die strahlende Hingebung, die aus den weit aufgerissenen Augen strömte und aus dem sprachlosen Mund wie eine unsichtbare Flamme herausschlug. Sie gefiel mir außerordentlich; schneller als es sich denken läßt, war die Alte aus dem Zimmer und ich bei meiner Freundin. Als ich mir in der ersten Trunkenheit des überraschenden Besitzes einige Freiheiten herausnehmen wollte, entzog sie sich mir mit einer unbeschreiblich lebenden Eindringlichkeit zugleich des Blickes und der dunkeltönenden Stimme. Im nächsten Augenblick aber fühlte ich mich von ihr umschlungen, die noch inniger mit dem fort und fort empordrängenden Blick der unerschöpflichen Augen als mit den Lippen und den Armen an mir haftete; dann wieder war es, als wollte sie sprechen, aber die von Küssen zuckenden Lippen bildeten keine Worte, die bebende Kehle ließ keinen deutlicheren Laut als ein gebrochenes Schluchzen empor.

Nun hatte ich einen großen Teil dieses Tages zu Pferde auf frostigen Landstraßen verbracht, nachher im Vorzimmer des Königs einen sehr ärgerlichen und heftigen Auftritt durchgemacht und darauf, meine schlechte Laune zu betäuben, sowohl getrunken als mit dem Zweihänder stark gefochten, und so überfiel mich mitten unter diesem reizenden und geheimnisvollen Abenteuer, als ich von weichen Armen im Nacken umschlungen und mit duftendem Haar bestreut dalag, eine so plötzliche heftige Müdigkeit und beinahe Betäubung, daß ich mich nicht mehr zu erinnern wußte, wie ich denn gerade in dieses Zimmer gekommen wäre, ja sogar für einen Augenblick die Person, deren Herz so nahe dem meinigen klopfte, mit einer ganz anderen aus früherer Zeit verwechselte und gleich darauf fest einschlief.

Als ich wieder erwachte, war es noch finstere Nacht, aber ich fühlte sogleich, daß meine Freundin nicht mehr bei mir war. Ich hob den Kopf und sah beim schwachen Schein der zusammensinkenden Glut, daß sie am Fenster stand: Sie hatte den einen Laden aufgeschoben und sah durch den Spalt hinaus. Dann drehte sie sich um, merkte, daß ich wach war, und rief (ich sehe noch, wie sie dabei mit dem Ballen der linken Hand an ihrer Wange emporfuhr und das vorgefallene Haar über die Schulter zurückwarf): »Es ist noch lange nicht Tag, noch lange nicht!« Nun sah ich erst recht, wie groß und schön sie war, und konnte den Augenblick kaum erwarten, daß sie mit wenigen der ruhigen großen Schritte ihrer schönen Füße, an denen der rötliche Schein emporglomm, wieder bei mir wäre. Sie trat aber noch vorher an den Kamin, bog sich zur Erde, nahm das letzte schwere Scheit, das draußen lag, in ihre strahlenden nackten Arme und warf es schnell in die Glut. Dann wandte sie sich, ihr Gesicht funkelte von Flammen und Freude, mit der Hand riß sie im Vorbeilaufen einen Apfel vom Tisch und war schon bei mir, ihre Glieder noch vom frischen Anhauch des Feuers umweht und dann gleich aufgelöst und von innen her von stärkeren Flammen durchschüttert, mit der Rechten mich umfassend, mit der Linken zugleich die angebissene kühle Frucht und Wangen, Lippen und Augen meinem Mund darbietend. Das letzte Scheit im Kamin brannte stärker als alle anderen. Aufsprühend sog es die Flamme in sich und ließ sie dann wieder gewaltig emporlohen, daß der Feuerschein über uns hinschlug, wie eine Welle, die an der Wand sich brach und unsere umschlungenen Schatten jäh emporhob und wieder sinken ließ. Immer wieder knisterte das starke Holz und nährte aus seinem Innern immer wieder neue Flammen, die emporzüngelten und das schwere Dunkel mit Güssen und Garben von rötlicher Helle verdrängten. Auf einmal aber sank die Flamme hin, und ein kalter Lufthauch tat leise wie eine Hand den Fensterladen auf und entblößte die fahle widerwärtige Dämmerung.

Wir setzten uns auf und wußten, daß nun der Tag da war. Aber das da draußen glich keinem Tag. Es glich nicht dem Aufwachen der Welt. Was da draußen lag, sah nicht aus wie eine Straße. Nichts einzelnes ließ sich erkennen: es war ein farbloser, wesenloser Wust, in dem sich zeitlose Larven hinbewegen mochten. Von irgendwoher, weither, wie aus der Erinnerung heraus, schlug eine Turmuhr, und eine feuchtkalte Luft, die keiner Stunde angehörte, zog sich immer stärker herein, daß wir uns schaudernd aneinander drückten. Sie bog sich zurück und heftete ihre Augen mit aller Macht auf mein Gesicht; ihre Kehle zuckte, etwas drängte sich in ihr herauf und quoll bis an den Rand der Lippen vor: Es wurde kein Wort daraus, kein Seufzer und kein Kuß, aber etwas, was ungeboren allen dreien glich. Von Augenblick zu Augenblick wurde es heller und der vielfältige Ausdruck ihres zuckenden Gesichts immer redender; auf einmal kamen schlürfende Schritte und Stimmen von draußen so nahe am Fenster vorbei, daß sie sich duckte und ihr Gesicht gegen die Wand kehrte. Es waren zwei Männer, die vorbeigingen: Einen Augenblick fiel der Schein einer kleinen Laterne, die der eine trug, herein; der andere schob einen Karren, dessen Rad knirschte und ächzte. Als sie vorüber waren, stand ich auf, schloß den Laden und zündete ein Licht an. Da lag noch ein halber Apfel: Wir aßen ihn zusammen, und dann fragte ich sie, ob ich sie nicht noch einmal sehen könnte, denn ich verreise erst Sonntag. Dies war aber die Nacht vom Donnerstag auf den Freitag gewesen.

Sie antwortete mir: Daß sie es gewiß sehnlicher verlange als ich; wenn ich aber nicht den ganzen Sonntag bliebe, sei es ihr unmöglich; denn nur in der Nacht vom Sonntag auf den Montag könnte sie mich wiedersehen.

Mir fielen zuerst verschiedene Abhaltungen ein, so daß ich einige Schwierigkeiten machte, die sie mit keinem Worte, aber mit einem überaus schmerzlich fragenden Blick und einem gleichzeitigen fast unheimlichen Hart- und Dunkelwerden ihres Gesichts anhörte. Gleich darauf versprach ich natürlich, den Sonntag zu bleiben, und setzte hinzu, ich wollte also Sonntag Abend mich wieder an dem nämlichen Ort einfinden. Auf dieses Wort sah sie mich fest an und sagte mir mit einem ganz rauhen und gebrochenen Ton in der Stimme: »Ich weiß recht gut, daß ich um deinetwillen in ein schändliches Haus gekommen bin; aber ich habe es freiwillig getan, weil ich mit dir sein wollte, weil ich jede Bedingung eingegangen wäre. Aber jetzt käme ich mir vor, wie die letzte niedrigste Straßendirne, wenn ich ein zweitesmal hieher zurückkommen könnte. Um deinetwillen hab' ich's getan, weil du für mich der bist, der du bist, weil du der Bassompierre bist, weil du der Mensch auf der Welt bist, der mir durch seine Gegenwart dieses Haus da ehrenwert macht!« Sie sagte: »Haus«; einen Augenblick war es, als wäre ein verächtlicheres Wort ihr auf der Zunge; indem sie das Wort aussprach, warf sie auf diese vier Wände, auf dieses Bett, auf die Decke, die herabgeglitten auf dem Boden lag, einen solchen Blick, daß unter der Garbe von Licht, die aus ihren Augen hervorschoß, alle diese häßlichen und gemeinen Dinge aufzuzucken und geduckt vor ihr zurückzuweichen schienen, als wäre der erbärmliche Raum wirklich für einen Augenblick größer geworden.

Dann setzte sie mit einem unbeschreiblich sanften und feierlichen Tone hinzu: »Möge ich eines elenden Todes sterben, wenn ich außer meinem Mann und dir je irgendeinem andern gehört habe und nach irgendeinem anderen auf der Welt verlange!« und schien, mit halboffenen, lebenhauchenden Lippen leicht vorgeneigt, irgendeine Antwort, eine Beteuerung meines Glaubens zu erwarten, von meinem Gesicht aber nicht das zu lesen, was sie verlangte, denn ihr gespannter suchender Blick trübte sich, ihre Wimpern schlugen auf und zu, und auf einmal war sie am Fenster und kehrte mir den Rücken, die Stirn mit aller Kraft an den Laden gedrückt, den ganzen Leib von lautlosem, aber entsetzlich heftigem Weinen so durchschüttert, daß mir das Wort im Munde erstarb und ich nicht wagte, sie zu berühren. Ich erfaßte endlich eine ihrer Hände, die wie leblos herabhingen, und mit den eindringlichsten Worten, die mir der Augenblick eingab, gelang es mir nach langem, sie soweit zu besänftigen, daß sie mir ihr von Tränen überströmtes Gesicht wieder zukehrte, bis plötzlich ein Lächeln, wie ein Licht zugleich aus den Augen und rings um die Lippen hervorbrechend, in einem Moment alle Spuren des Weinens wegzehrte und das ganze Gesicht mit Glanz überschwemmte. Nun war es das reizendste Spiel, wie sie wieder mit mir zu reden anfing, indem sie sich mit dem Satz: »Du willst mich noch einmal sehen? so will ich dich bei meiner Tante einlassen!« endlos herumspielte, die erste Hälfte zehnfach aussprach, bald mit süßer Zudringlichkeit, bald mit kindischem gespielten Mißtrauen, dann die zweite mir als das größte Geheimnis zuerst ins Ohr flüsterte, dann mit Achselzucken und spitzem Mund, wie die selbstverständlichste Verabredung von der Welt, über die Schulter hinwarf und endlich, an mir hängend, mir ins Gesicht lachend und schmeichelnd wiederholte. Sie beschrieb mir das Haus aufs genaueste, wie man einem Kind den Weg beschreibt, wenn es zum erstenmal allein über die Straße zum Bäcker gehen soll. Dann richtete sie sich auf, wurde ernst – und die ganze Gewalt ihrer strahlenden Augen heftete sich auf mich mit einer solchen Stärke, daß es war, als müßten sie auch ein totes Geschöpf an sich zu reißen vermögend sein – und fuhr fort: »Ich will dich von zehn Uhr bis Mitternacht erwarten und auch noch später und immerfort, und die Tür unten wird offen sein. Erst findest du einen kleinen Gang, in dem halte dich nicht auf, denn da geht die Tür meiner Tante heraus. Dann stößt dir eine Treppe entgegen, die führt dich in den ersten Stock, und dort bin ich!« Und indem sie die Augen schloß, als ob ihr schwindelte, warf sie den Kopf zurück, breitete die Arme aus und umfing mich, und war gleich wieder aus meinen Armen und in die Kleider eingehüllt, fremd und ernst, und aus dem Zimmer; denn nun war völlig Tag.

Ich machte meine Einrichtung, schickte einen Teil meiner Leute mit meinen Sachen voraus und empfand schon am Abend des nächsten Tages eine so heftige Ungeduld, daß ich bald nach dem Abendläuten mit meinem Diener Wilhelm, den ich aber kein Licht mitnehmen hieß, über die kleine Brücke ging, um meine Freundin wenigstens in ihrem Laden oder in der daranstoßenden Wohnung zu sehen und ihr allenfalls ein Zeichen meiner Gegenwart zu geben, wenn ich mir auch schon keine Hoffnung auf mehr machte, als etwa einige Worte mit ihr wechseln zu können.

Um nicht aufzufallen, blieb ich an der Brücke stehen und schickte den Diener voraus, um die Gelegenheit auszukundschaften. Er blieb längere Zeit aus und hatte beim Zurückkommen die niedergeschlagene und grübelnde Miene, die ich an diesem braven Menschen immer kannte, wenn er einen meinigen Befehl nicht hatte erfolgreich ausführen können. »Der Laden ist versperrt«, sagte er, »und scheint auch niemand darinnen. Überhaupt läßt sich in den Zimmern, die nach der Gasse zu liegen, niemand sehen und hören. In den Hof könnte man nur über eine hohe Mauer, zudem knurrt dort ein großer Hund. Von den vorderen Zimmern ist aber eines erleuchtet, und man kann durch einen Spalt im Laden hineinsehen, nur ist es leider leer.«

Mißmutig wollte ich schon umkehren, strich aber doch noch einmal langsam an dem Haus vorbei, und mein Diener in seiner Beflissenheit legte nochmals sein Auge an den Spalt, durch den ein Lichtschimmer drang, und flüsterte mir zu, daß zwar nicht die Frau, wohl aber der Mann nun in dem Zimmer sei. Neugierig, diesen Krämer zu sehen, den ich mich nicht erinnern konnte, auch nur ein einzigesmal in seinem Laden erblickt zu haben, und den ich mir abwechselnd als einen unförmlichen dicken Menschen oder als einen dürren gebrechlichen Alten vorstellte, trat ich ans Fenster und war überaus erstaunt, in dem guteingerichteten vertäfelten Zimmer einen ungewöhnlich großen und sehr gut gebauten Mann umhergehen zu sehen, der mich gewiß um einen Kopf überragte und, als er sich umdrehte, mir ein sehr schönes tiefernstes Gesicht zuwandte, mit einem braunen Bart, darin einige wenige silberne Fäden waren, und mit einer Stirn von fast seltsamer Erhabenheit, so daß die Schläfen eine größere Fläche bildeten, als ich noch je bei einem Menschen gesehen hatte. Obwohl er ganz allein im Zimmer war, so wechselte doch sein Blick, seine Lippen bewegten sich, und indem er unter dem Auf- und Abgehen hie und da stehen blieb, schien er sich in der Einbildung mit einer anderen Person zu unterhalten: einmal bewegte er den Arm, wie um eine Gegenrede mit halb nachsichtiger Überlegenheit wegzuweisen. Jede seiner Gebärden war von großer Lässigkeit und fast verachtungsvollem Stolz, und ich konnte nicht umhin, mich bei seinem einsamen Umhergehen lebhaft des Bildes eines sehr erhabenen Gefangenen zu erinnern, den ich im Dienst des Königs während seiner Haft in einem Turmgemach des Schlosses zu Blois zu bewachen hatte. Diese Ähnlichkeit schien mir noch vollkommener zu werden, als der Mann seine rechte Hand emporhob und auf die emporgekrümmten Finger mit Aufmerksamkeit, ja mit finsterer Strenge hinabsah.

Denn fast mit der gleichen Gebärde hatte ich jenen erhabenen Gefangenen öfter einen Ring betrachten sehen, den er am Zeigefinger der rechten Hand trug und von welchem er sich niemals trennte. Der Mann im Zimmer trat dann an den Tisch, schob die Wasserkugel vor das Wachslicht und brachte seine beiden Hände in den Lichtkreis, mit ausgestreckten Fingern: er schien seine Nägel zu betrachten. Dann blies er das Licht aus und ging aus dem Zimmer und ließ mich nicht ohne eine dumpfe zornige Eifersucht zurück, da das Verlangen nach seiner Frau in mir fortwährend wuchs und wie ein um sich greifendes Feuer sich von allem nährte, was mir begegnete und so durch diese unerwartete Erscheinung in verworrener Weise gesteigert wurde, wie durch jede Schneeflocke, die ein feuchtkalter Wind jetzt zertrieb und die mir einzeln an Augenbrauen und Wangen hängen blieben und schmolzen.

Den nächsten Tag verbrachte ich in der nutzlosesten Weise, hatte zu keinem Geschäft die richtige Aufmerksamkeit, kaufte ein Pferd, das mir eigentlich nicht gefiel, wartete nach Tisch dem Herzog von Nemours auf und verbrachte dort einige Zeit mit Spiel und mit den albernsten und widerwärtigsten Gesprächen. Es war nämlich von nichts anderem die Rede, als von der in der Stadt immer heftiger um sich greifenden Pest, und aus allen diesen Edelleuten brachte man kein anderes Wort heraus als dergleichen Erzählungen von dem schnellen Verscharren der Leichen, von dem Strohfeuer, das man in den Totenzimmern brennen müsse, um die giftigen Dünste zu verzehren, und so fort; der Albernste aber erschien mir der Kanonikus von Chandieu, der, obwohl dick und gesund wie immer, sich nicht enthalten konnte, unausgesetzt nach seinen Fingernägeln hinabzuschielen, ob sich an ihnen schon das verdächtige

Blauwerden zeige, womit sich die Krankheit anzukündigen pflegt.

Mich widerte das alles an, ich ging früh nach Hause und legte mich zu Bette, fand aber den Schlaf nicht, kleidete mich vor Ungeduld wieder an und wollte, koste es was es wolle, dorthin, meine Freundin zu sehen, und müßte ich mit meinen Leuten gewaltsam eindringen. Ich ging ans Fenster, meine Leute zu wecken, die eisige Nachtluft brachte mich zur Vernunft, und ich sah ein, daß dies der sichere Weg war, alles zu verderben. Angekleidet warf ich mich aufs Bett und schlief endlich ein.

Ähnlich verbrachte ich den Sonntag bis zum Abend, war viel zu früh in der bezeichneten Straße, zwang mich aber, in einer Nebengasse auf und nieder zu gehen, bis es zehn Uhr schlug. Dann fand ich sogleich das Haus und die Tür, die sie mir beschrieben hatte, und die Tür auch offen, und dahinter den Gang und die Treppe. Oben aber die zweite Tür, zu der die Treppe führte, war verschlossen, doch ließ sie unten einen feinen Lichtstreif durch. So war sie drinnen und wartete und stand vielleicht horchend drinnen an der Tür, wie ich draußen. Ich kratzte mit dem Nagel an der Tür, da hörte ich drinnen Schritte: es schienen mir zögernd unsichere Schritte eines nackten Fußes. Eine Zeit stand ich ohne Atem und dann fing ich an zu klopfen: aber ich hörte eine Mannesstimme, die mich fragte, wer draußen sei. Ich drückte mich ans Dunkel des Türpfostens und gab keinen Laut von mir: die Tür blieb zu und ich klomm mit der äußersten Stille, Stufe für Stufe, die Stiege hinab, schlich den Gang hinaus ins Freie und ging, mit pochenden Schläfen und zusammengebissenen Zähnen, glühend vor Ungeduld, einige Straßen auf und ab. Endlich zog es mich wieder vor das Haus: ich wollte noch nicht hinein; ich fühlte, ich wußte, sie würde den Mann entfernen, es müßte gelingen, gleich würde ich zu ihr können. Die Gasse war eng; auf der anderen Seite war kein Haus, sondern die Mauer eines Klostergartens: an der drückte ich mich hin und suchte von gegenüber das Fenster zu erraten. Da loderte in einem, das offen stand, im oberen Stockwerk, ein Schein auf und sank wieder ab, wie von einer Flamme. Nun glaubte ich alles vor mir zu sehen: sie hatte ein großes Scheit in den Kamin geworfen wie damals, wie damals stand sie jetzt mitten im Zimmer, die Glieder funkelnd von der Flamme, oder saß auf dem Bette und horchte und wartete. Von der Tür würde ich sie sehen und den Schatten ihres Nackens, ihrer Schultern, den die durchsichtige Stelle an der Wand hob und senkte. Schon war ich im Gang, schon auf der Treppe; nun war auch die Tür nicht mehr verschlossen: angelehnt, ließ sie auch seitwärts den schwankenden Schein durch. Schon streckte ich die Hand nach der Klinke aus, da glaubte ich drinnen Schritte und Stimmen von mehreren zu hören. Ich wollte es aber nicht glauben: ich nahm es für das Arbeiten meines Blutes in den Schläfen, am Halse, und für das Lodern des Feuers drinnen. Auch damals hatte es laut gelodert. Nun hatte ich die Klinke gefaßt, da mußte ich begreifen, daß Menschen drinnen waren, mehrere Menschen. Aber nun war es mir gleich: denn ich fühlte, ich wußte, sie war auch drinnen, und sobald ich die Türe aufstieß, konnte ich sie sehen, sie ergreifen, und, wäre es auch aus den Händen anderer, mit einem Arm sie an mich reißen, müßte ich gleich den Raum für sie und mich mit meinem Degen, mit meinem Dolch aus einem Gewühl schreiender Menschen herausschneiden! Das einzige, was mir ganz unerträglich schien, war, noch länger zu warten.

Ich stieß die Tür auf und sah:

In der Mitte des leeren Zimmers ein paar Leute, welche Bettstroh verbrannten, und bei der Flamme, die das ganze Zimmer erleuchtete, abgekratzte Wände, deren Schutt auf dem Boden lag, und an einer Wand einen Tisch, auf dem zwei nackte Körper ausgestreckt lagen, der eine sehr groß, mit zugedecktem Kopf, der andere kleiner, gerade an der Wand hingestreckt, und daneben der schwarze Schatten seiner Formen, der emporspielte und wieder sank.

Ich taumelte die Stiege hinab und stieß vor dem Haus auf zwei Totengräber: der eine hielt mir seine kleine Laterne ins Gesicht und fragte mich, was ich suche? Der andere schob seinen ächzenden, knirschenden Karren gegen die Haustür. Ich zog den Degen, um sie mir vom Leibe zu halten, und kam nach Hause. Ich trank sogleich drei oder vier große Gläser schweren Weins und trat, nachdem ich mich ausgeruht hatte, den anderen Tag die Reise nach Lothringen an.

Alle Mühe, die ich mir nach meiner Rückkunft gegeben, irgend etwas von dieser Frau zu erfahren, war vergeblich. Ich ging sogar nach dem Laden mit den zwei Engeln; allein die Leute, die ihn jetzt inne hatten, wußten nicht, wer vor ihnen darin gesessen hatte.

Editorische Notiz

Die Texte der vorliegenden Ausgabe folgen dem ersten Buchdruck:

Hugo von Hofmannsthal: Das Märchen der 672. Nacht und andere Erzählungen. Wien/Leipzig: Wiener Verlag, 1905. (Bibliothek moderner deutscher Autoren. 2.)

Die von Hofmannsthal bei den Titeln der Erzählungen jeweils genannten Jahreszahlen (*Das Märchen der 672. Nacht*: 1894; *Reitergeschichte*: 1898; *Erlebnis des Marschalls von Bassompierre*: 1900) entsprechen nach dem heutigen Forschungsstand nur teilweise der tatsächlichen Entstehungszeit der Werke.

Hofmannsthals Quellenangabe zu *Erlebnis des Marschalls von Bassompierre* ist ungenau. Korrekt verweist er jedoch in der *Zeit* vom 1. Dezember 1900 auf: *Mémoires du maréchal de Bassompierre*, Bd. 1, Köln 1665, S. 160–164.

Einige in dieser Ausgabe enthaltenen Druckversehen wurden nach Einblick in die Kritische Ausgabe von Hofmannsthals *Sämtlichen Werken* (Frankfurt a. M.: S. Fischer, 1975 ff.) verbessert:

12,24 Gesims,] Gesims
16,25 bewohnte;] bewohnte
24,1 Gefährten] Gefährtin
25,31 wäre er nicht imstande] wäre er imstande
29,8 ihm] ihr
29,23 anderer] anderern
33,27 hoffte,] hoffte
50,15 wie] we

Literaturhinweise

Ausgaben

Das Märchen der 672ten Nacht. In: Die Zeit (Wien). Nr. 57. 2. November 1895. Nr. 58. 9. November 1895. Nr. 59. 16. November 1895. [Erstdruck.]

Reitergeschichte. In: Neue Freie Presse (Wien). 24. Dezember 1899. [Erstdruck.]

Erlebnis des Marschalls von Bassompierre. In: Die Zeit (Wien). 24. November 1900 und 1. Dezember 1900. [Erstdruck.]

Das Märchen der 672. Nacht und andere Erzählungen. Umschlag von Walter Hampel. Wien/Leipzig: Wiener Verlag, 1905.

Das Märchen der 672. Nacht. Leipzig: Insel-Verlag, 1918.

Reitergeschichte. Wien/Prag/Leipzig: Strache, 1920. [Enthält auch: *Das Erlebnis des Marschalls Bassompierre.*]

Drei Erzählungen. Mit Zeichnungen von Alfred Kubin. Leipzig: Insel-Verlag, 1927.

Gesammelte Werke. Sechs Bände. Bd. 2. Berlin: S. Fischer, 1924.

Gesammelte Werke in zwölf Einzelausgaben. Hrsg. von Herbert Steiner. [Bd. 2:] Die Erzählungen. Stockholm: Bermann-Fischer, 1945.

Reitergeschichte. Das Erlebnis des Marschalls von Bassompierre. Mit einem Nachw. von Richard Alewyn. Frankfurt a. M.: S. Fischer, 1962. (S. Fischer Schulausgaben.) [Mit Goethes und Bassompierres Text.]

Sämtliche Werke. Kritische Ausgabe. Veranst. vom Freien Deutschen Hochstift. Hrsg. von Rudolf Hirsch [u. a.]. Bd. 28: Erzählungen 1. Hrsg. von Ellen Ritter. Frankfurt a. M.: S. Fischer, 1975.

Gesammelte Werke in zehn Einzelbänden. Hrsg. von Bernd Schoeller in Beratung mit Rudolf Hirsch. Bd. 7: Erzählungen. Erfundene Gespräche und Briefe. Reisen. Frankfurt a. M.: Fischer Taschenbuch Verlag, 1979.

Forschungsliteratur

Alewyn, Richard: Über Hugo von Hofmannsthal. Göttingen 1958. 4., verm. Aufl. Göttingen 1967.

Bermann, Nina: Orientalismus, Kolonialismus und Moderne. Zum Bild des Orients in der deutschsprachigen Kultur um 1900. Stuttgart 1996.

Burkhard, Marianne: Hofmannsthals *Reitergeschichte* – ein Gegenstück zum Chandosbrief. In: Amsterdamer Beiträge zur neueren Germanistik 4 (1975) S. 27–53.

Brion, Marcel: Versuch einer Interpretation der Symbole im *Märchen der 672. Nacht* von Hugo von Hofmannsthal. In: Interpretationen 4. Deutsche Erzählungen von Wieland bis Kafka. Hrsg. von Jost Schillemeit. Frankfurt a. M. 1966. S. 284–302.

Cohn, Dorrit: »Als Traum erzählt«: The Case for a Freudian Reading of Hofmannsthal's *Märchen der 672. Nacht*. In: Deutsche Vierteljahrsschrift für Literaturwissenschaft und Geistesgeschichte 54 (1980) S. 284–305.

Exner, Richard: Ordnung und Chaos in Hugo von Hofmannsthals *Reitergeschichte*. Strukturelle und semiotische Möglichkeiten der Interpretation. In: Im Dialog mit der Moderne. Festschrift für Jacob Steiner. Hrsg. von Roland Jost und Hansgeorg Schmidt-Bergmann. Frankfurt a. M. 1986. S. 46–59.

Fiedler, Theodore: Hofmannsthals *Reitergeschichte* und ihre Leser. Zur Politik der Ironie. In: Germanisch-Romanische Monatsschrift. N. F. 26 (1976) S. 140–163.

Hansen, Carl V.: The Death of the First Sergeant Anton Lerch in Hofmannsthal's *Reitergeschichte*. A Military Analysis. In: Modern Austrian Literature 13 (1980) S. 17–26.

Hoppe, Otfried: Hugo von Hofmannsthals *Reitergeschichte*. In: Deutsche Novellen von Goethe bis Walser. Bd. 2. Hrsg. von Jakob Lehmann. Königstein i. Ts. 1980. S. 49–76.

Janz, Marlies: Marmorbilder. Weiblichkeit und Tod bei Clemens Brentano und Hugo von Hofmannsthal. Königstein i. Ts. 1986.

Kronauer, Brigitte: Die Dinge sind nicht unter sich! Zu Hugo von Hofmannsthals *Märchen der 672. Nacht*. In: Phaïcon 3 (1978) S. 57–69.

Le Rider, Jacques: La *Reitergeschichte* de Hugo von Hofmannsthal. Éléments d'interprétation. In: Hofmannsthal-Jahrbuch. Zur europäischen Moderne 3 (1995) S. 215–249.

Mauser, Wolfram: Hugo von Hofmannsthal. Konfliktbewältigung und Werkstruktur. Eine psycho-soziologische Interpretation. München 1977.

Mayer, Matthias: Hugo von Hofmannsthal. Stuttgart 1993. (Sammlung Metzler. 273.)

Paetzke, Iris: Erzählen in der Wiener Moderne. Tübingen 1992.

Remak, Henry H. H.: Novellistische Struktur: Der Marschall von Bassompierre und die schöne Krämerin (Bassompierre, Goethe, Hofmannsthal). Essai und kritischer Forschungsbericht. Bern / Frankfurt a. M. 1983.

Robertson, Ritchie: The Dual Structure of Hofmannsthal's *Reitergeschichte*. In: Forum for Modern Language Studies 14 (1978) S. 316–331.

Rölleke, Heinz: Nochmals zum Rätsel der 672. Nacht bei Hofmannsthal. In: Germanisch-Romanische Monatsschrift. N. F. 33 (1983) S. 344–345.

Schings, Hans-Jürgen: Allegorie des Lebens. Zum Formproblem von Hofmannsthals *Märchen der 672. Nacht*. In: Zeitschrift für deutsche Philologie 86 (1967) S. 544–561.

Scott, Marilyn: Order and Masculinity in Hugo von Hofmannsthal's *Reitergeschichte*. In: Geschichte der österreichischen Literatur. Hrsg. von Donald G. Daviau und Herbert Arlt. Tl. 2. St. Ingbert 1996. S. 500–517. (Österreichische und internationale Literaturprozesse. 3.)

Steinlein, Rüdiger: Hugo von Hofmannsthals *Reitergeschichte*. Versuch einer struktural-psychoanalytischen Lektüre. In: Zeitschrift für deutsche Philologie 110 (1991) S. 208–230.

Stoupy, Joëlle: »Wenn das Haus fertig ist, kommt der Tod«. In Hofmannsthal-Blätter 41/42 (1991/92) S. 86–105.

Träbing, Gerhard: Hofmannsthals *Reitergeschichte*. Interpretationen und Observationen 1949–1976. In: Sprache im technischen Zeitalter 21 (1981) S. 221–236.

Verhofstadt, Edward: Hugo von Hofmannsthals *Märchen der 672. Nacht*. Eine soziopsychologische Interpretation. In: Theatrum Europaeum. Festschrift für Elida Maria Szarota. Hrsg. von Richard Brinkmann. München 1982. S. 559–575.

Wiethölter, Waltraud: Hofmannsthal oder Die Geometrie des Subjekts. Psychostrukturelle und ikonographische Studien zum Prosawerk. Tübingen 1990.

Wilpert, Gero von: Anton Lerch – geduppelt? Zum sogenannten »Doppelgänger« in Hofmannsthals *Reitergeschichte*. In: Seminar 29 (1993) S. 125–137.

Nachwort

Die drei Erzählungen Hofmannsthals erschienen zunächst in Zeitschriften und Zeitungen: Das *Märchen der 672. Nacht* in der Wiener Wochenschrift *Die Zeit* (1895), die *Reitergeschichte* in der *Neuen Freien Presse* (1899), das *Erlebnis des Marschalls von Bassompierre* wiederum in der *Zeit* (1900). Ergänzt um den berühmten Brief des Lord Chandos (*Ein Brief*, 1902), wurden sie 1905 gemeinsam publiziert unter dem Titel *Das Märchen der 672. Nacht und andere Erzählungen.* Veröffentlichungsgeschichtlich rücken so die drei Erzählungen mit dem großen Dokument moderner Sprach- und Verständigungsskepsis zusammen. Dies Zusammentreffen ist nicht unbegründet. Lord Chandos hat, wie er schreibt, völlig die Fähigkeit verloren, über irgend etwas zusammenhängend zu denken oder zu sprechen; die Worte selbst zerfallen ihm im Mund wie modrige Pilze. Vermutlich hat sich diese Krise des Redens schon in einer Krise des Erzählens vorbereitet. Denn was macht aus dem bloßen Geschehen eine Geschichte? Die Auseinandersetzung zwischen Ich und Welt, wäre die klassische Antwort. Die aber wird zunehmend problematisch, so daß dem Geschichtenerzähler selber, wie es scheint, Sinn und Zusammenhang abhanden kommen. Das zumindest fand ein zeitgenössischer Rezensent, als er die vier Texte zu besprechen hatte. Sie erschienen ihm, stellvertretend für die Wiener Literatur der Jahrhundertwende, als Produkte einer rein artistischen Traumwelt, inhaltslos und doch von einer nur zu ahnenden Kompliziertheit:

> Ich sage deshalb »zu ahnen«, weil wir robusteren Menschen höchstens dumpf erfühlen können, was Hof-

> mannsthal im »Märchen der 672. Nacht« eigentlich sagen will. Den Versuch des Wiedererzählens wage ich gar nicht zu machen. Dagegen wird man die »Reitergeschichte« und das »Erlebnis des Marschalls Bassompierre« schon eher schätzen lernen. In beiden versucht Hofmannsthal den klassischen Novellenstil nachzubilden, und es gibt wirklich Seiten darin, die »klassisch« wirken. Das Ganze allerdings wird dann doch nicht so recht rund.[1]

Klassische Vorbilder nachzuahmen, ohne sie erreichen zu können, so stellt sich diesem robusten Rezensenten von 1905 – und nicht nur ihm – Hofmannsthals Unterfangen dar. Mit einem Wort: »Er dichtet gleichsam für die deutsche Literatur.«

Auch die schreibenden Kollegen waren mitunter befremdet, wie sehr Hofmannsthal erzählend an Erzählungen anknüpfte. »Über Hugo einiges«, notiert Arthur Schnitzler 1902 in sein Tagebuch: »Seine fast unverständliche Neigung zu literar. Aneignungen.«[2] Daß die literarischen Texte einander voraussetzen, wiederholen, beantworten, bestreiten, dieser Grundgedanke der Intertextualität ist heute vielleicht besser geläufig. Hofmannsthal praktiziert ihn auf provozierende Weise, wenn er das Erlebnis des Marschalls von Bassompierre, das dieser selbst in seinen *Memoiren* (1665) berichtet und das Goethe in den *Unterhaltungen deutscher Ausgewanderten* (1795) schon einmal nacherzählt hatte, nun ein zweites Mal nacherzählt und, auf einen Plagiats-Vorwurf hin, Quellen samt Seitenzahlen angibt, *»woselbst sich der Leser über das Verhältnis des Ueberlieferten zu meiner*

1 Carl Busse, »Neues vom Büchertisch«, in: *Velhagen und Klasings Monatshefte* 1904/05, Bd. 2, S. 105 f.

2 Arthur Schnitzler, Tagebucheintrag vom 12. Dezember 1902. Zit. nach: Hugo von Hofmannsthal, *Sämtliche Werke*, Kritische Ausgabe, hrsg. von Rudolf Hirsch [u. a.], [im folgenden zit. als: SW,] Bd. 23: *Erzählungen 1*, hrsg. von Ellen Ritter, Frankfurt a. M. 1975, S. 221.

dichterischen Ausgestaltung des Stoffes orientieren kann«.[3] Die Leser werden damit zu Kampfrichtern in einem öffentlichen Wettstreit, wer es wohl besser gemacht habe. Das gleicht fast den vorbürgerlichen Jahrhunderten der Poetik und Rhetorik, als man noch an Vorbildern dichten lernte und alle Literatur geradezu schulmäßig mit Literatur anfing – eine Einstellung, die sich verlor, als der junge Goethe und andere alle Literatur aus dem eigenen Leben und Erleben entspringen lassen wollten. Seitdem erst, seit der tiefen Zäsur des Sturm und Drang um 1770, gab es, neben vielen anderen Errungenschaften, eben auch jenen »klassischen Novellenstil«, den das ganze 19. Jahrhundert kultivierte und den Hofmannsthal, man möchte sagen, gut sein läßt. Was wie dekadentes Nicht-Können aussehen mochte, war eher eine Neuorientierung gegenüber dem großen klassisch-romantischen Paradigma, in dem man seit 1770 zu schreiben pflegte. Dies Paradigma rieb sich an den technischen Neuerungen der Jahrhundertwende auf: am Phonographen, der Stimme und Sprache vom Körper des Sprechenden zu trennen vermag – an den beweglichen Kinobildern, welche die bildhafte Phantasie, die Quelle aller Poesie bislang, zu industrialisieren vermögen.[4] »Die hinter uns kommen, werden größer sein als wir, aber wir sind doch seit den Stürmern und Drängern wieder die *ersten ganzen Künstler*«, bekräftigt Hofmannsthal schon 1894.[5] Und das zu Recht, denn das Junge Wien definiert, im Gefolge Nietzsches, das Verhältnis von Kunst und Leben auf eine so epochale Weise neu wie die jungen Autoren zu Anfang der Goethezeit. Goethe mit

3 *Die Zeit*, 1. Dezember 1900. Zit. nach: Ebd., S. 223 (im Original gesperrt Gedrucktes erscheint hier kursiv). Den Vergleich ermöglicht und erörtert vor allem Henry H. H. Remak, *Novellistische Struktur: Der Marschall von Bassompierre und die schöne Krämerin (Bassompierre, Goethe, Hofmannsthal)*, Essai und kritischer Forschungsbericht, Bern / Frankfurt a. M. 1982.

4 Vgl. Friedrich Kittler, *Grammophon Film Typewriter*, Berlin 1986.

5 Hugo von Hofmannsthal, *Gesammelte Werke in zehn Einzelbänden*, hrsg. von Bernd Schoeller in Beratung mit Rudolf Hirsch; *Reden und Aufsätze III*, Frankfurt a. M. 1980, S. 383.

seinen Freunden hatte sich der Natur und dem Leben zugewandt, um von den literarischen Vermittlungen fort an die Quelle der Kreativität zu gelangen – Hofmannsthal mit seinen Freunden sieht eben diesen Quell kulturell schon besetzt. Wo man zuvor Ursprünglichkeit erwartet hatte, findet man jetzt nur Vermittlungen oder, wörtlich, Medien. »Poesie (Malerei): mit Worten (Farben) ausdrücken, was sich im Leben in tausend anderen Medien äußert. Das Leben transponieren.«[6] Kunst und Leben sind gleich medial verfaßt, sie übermitteln (kausal) Wirkungen genauso wie (semiotisch) Ausdrucks- und Äußerungsformen. Indem der Künstler nichts anderes als Medien ineinander transponiert,[7] wird er konsequent mit Zeichen arbeiten, in der Sprache der Zeit, er wird symbolisieren. Neues zu schaffen, heißt für ihn, Neues (Unerkanntes, Unverstandenes, Uneingestandenes) zu symbolisieren: »Symbolismus im weiten Sinn. Die uneingestandenen Seelenvorgänge, die ins Kunstwerk eingewebt werden.«[8] Die symbolistische Textur – lat. *textus* heißt ›Gewebe‹ – kann sich selbst auf den Faden auswirken, der Erzählungen, Romane, Dramen und Balladen eigentlich zusammenzuhalten pflegt, auf den roten Faden der Lebensgeschichte.

Hofmannsthal hat die Konsequenz gelegentlich für das Drama formuliert. Dramatisch ist für ihn nicht die Auseinandersetzung zwischen Ich und Welt, die Kämpfe, Konflikte und Entscheidungen, dramatisch ist für ihn eine gleichzeitig offenbarende und zerstörende Energie, die geheime Logik der Verwandlungen:

> Ein Brand als Bild des Dramas.
> Das Weiterspringen der Flamme von Objekt zu Objekt, das Abblättern der Hüllen, grelle Herausschä-

6 Ebd., S. 400.
7 Zur Medien- und Zeichenproblematik vgl. Ursula Renner, *Die Zauberschrift der Bilder. Bildende Kunst in Hofmannsthals Werken*, Freiburg i. Br. 1999.
8 Hofmannsthal, *Reden und Aufsätze III* (s. Anm 5), S. 380.

> len des Kernes, momentane Zusammenschweißen getrennter Dinge, starke Offenbaren und Zutagetreten der Individualitäten im Todeskampf (Baum, Dach, Kirchturm). – Einheit der Handlung solang als die Flamme dauert; Teile: Einzelhandlungen, die zerstörten Objekte. – Die untergehenden Individuen nähren die Flamme, die Seele des Dramas.[9]

Fabel und Handlungsfaden, die ganze Kette der Begebenheiten scheinen gewiß nicht zerrissen in diesem Denkbild, aber doch seltsam gespannt, als vibrierten sie in den Rhythmen von Erleuchtung und Zerstörung. Auch die hier versammelten drei Erzählungen kulminieren im Tod, der die überraschenden Brüche und Widersprüche des Lebens, der Lebensläufe zu Ende bringt. Die dritte läßt sich ganz wörtlich am Leitfaden des Feuers lesen.

Der Marschall von Bassompierre (1579–1646) erzählt in seinen *Memoiren* ein erotisches Abenteuer, das mit einem Schock endet; Goethe übersetzt es in seinen *Unterhaltungen deutscher Ausgewanderten* (1795) recht genau. Dem berühmten Soldaten und Diplomaten signalisiert eine sozial viel tiefer stehende Frau, eine Krämerin, ihr Begehren. In einem Bordell verbringt er mit ihr eine Liebesnacht, die sich in dem (erwartbaren) Superlativ der Lust zusammenschließt: »Ich erfüllte ihr Begehren und kann sagen, daß ich niemals ein zierlicheres Weib gekannt, noch von irgend einer mehr Vergnügen genossen hätte. Den andern Morgen [...]«.[10] Man verabredet eine Wiederholung an einem respektableren Ort, bei ihrer Tante, aber nach der Frist von zwei Tagen findet Bassompierre in dem bezeichneten Haus nurmehr ein paar Leute, »welche Bettstroh verbrannten und

9 Ebd., S. 373.

10 Johann Wolfgang Goethe, *Sämtliche Werke. Briefe, Tagebücher und Gespräche* (Frankfurter Ausgabe), Abt. I, Bd. 9: *Wilhelm Meisters theatralische Sendung, Wilhelm Meisters Lehrjahre, Unterhaltungen deutscher Ausgewanderten*, hrsg. von Wilhelm Voßkamp und Herbert Janmann, Frankfurt a. M. 1992, S. 1033 f.

bei der Flamme, die das ganze Zimmer erleuchtete, zwei nackte Körper auf dem Tische ausgestreckt« – die Spuren der Pest. Wer die Leichen waren, wird nicht gesagt, gesagt wird nur, daß die schöne Frau nicht mehr wiederzufinden ist. Was eine normale Affäre im überreichen Liebesleben des Marschalls hätte werden können, wird buchstäblich zu einem einmaligen Ereignis: durch den Tod. Diese rätselhafte Anekdote[11] nimmt in Goethes Phänomenologie des Geschichtenerzählens – denn so lassen sich die *Unterhaltungen* verstehen – einen mittleren Platz ein, zwischen rätselhaften Spukgeschichten einerseits, den Novellen und dem noch viel rätselhafteren *Märchen* andererseits.

Während Goethes Text knapp drei bis vier Seiten umfaßt, ist Hofmannsthals Version dreimal so umfangreich. Goethesche Formulierungen sind oft beibehalten, geradezu markant am Anfang und am Schluß, so als gälte es, ein altes Bild in seinem Rahmen neu zu malen, ohne es verschwinden zu lassen. Neu hinzu tritt der Ehemann der Krämerin, der in den Vorlagen nur einen Satz erhalten hatte: ihr Geständnis nämlich, sie liebe außer dem Bassompierre nur ihren Mann und keinen andern mehr in ihrem Leben. Nun spielt die Geschichte nicht mehr zwischen zweien, sondern zwischen dreien, die alle edel sind, der Marschall als Adliger, das Krämerpaar seiner inneren Würde nach. Damit ist hergestellt, was Hannelore Schlaffer die »Novellenmathematik« nennt:[12] ein instabiles Dreieck, bei dem ein Punkt immer unbesetzt bleiben muß. Ist der Liebhaber da, bleibt der Ehemann ausgeschlossen – ist die Geliebte abwesend,

11 Remak (s. Anm. 3), S. 25 ff., plädiert zwar dafür, auch Bassompierres Bericht als Novelle zu würdigen, doch der völlig rätselhafte Schluß spricht m. E. dagegen. Statt dessen würde ich die entsprechende Textsorte unter André Jolles' »Einfachen Formen« suchen: als *Memorabile* oder Tatsachenbericht, bei dem die Fakten allein, durch Kontrast und Analogie, das Ereignis »erklären und erörtern«. Vgl. André Jolles, *Einfache Formen. Legende. Sage. Mythe. Rätsel. Spruch. Kasus. Memorabile. Märchen. Witz* (1930), Nachdr. Darmstadt 1969, S. 200 ff.

12 Hannelore Schlaffer, *Poetik der Novelle*, Stuttgart/Weimar 1993, S. 36.

so können sich Liebhaber und Ehemann sehen (oder begegnen) – ist der Ehemann anwesend, muß der Liebhaber sich zurückziehen. Diese Konstellation ist entscheidend für den Abschluß der Geschichte. Hofmannsthal hat ihr den Schock gelassen, das Rätsel aber einer Auflösung näher gebracht. Die nackten, toten Körper werden vom Erzähler wahrgenommen, und aus seinen Wahrnehmungen kann, ja muß der Leser ein Paar formen, männlich der größere, weiblich mit seinen »Formen« (im geschlechtsspezifischen Plural) der kleinere Körper. Da ist das Ehepaar im Tod vereint, der überlebende Dritte räumt das Feld:

> Ich stieß die Tür auf und sah:
> In der Mitte des leeren Zimmers ein paar Leute, welche Bettstroh verbrannten, und bei der Flamme, die das ganze Zimmer erleuchtete, abgekratzte Wände, deren Schutt auf dem Boden lag, und an einer Wand einen Tisch, auf dem zwei nackte Körper ausgestreckt lagen, der eine sehr groß, mit zugedecktem Kopf, der andere kleiner, gerade an der Wand hingestreckt, und daneben der schwarze Schatten seiner Formen, der emporspielte und wieder sank. (52 f.)[13]

Durch die Unsicherheit der Zeichen hindurch (von Geschlechtsmerkmalen ist nicht die Rede) wird man lesend verführt, selbst in diesem Tod eine Ordnung herzustellen, freilich um den Preis einer leichten Unwahrscheinlichkeit (wieso ist das Ehepaar unter falscher Adresse aufgebahrt?) und eines schweren Opfers (bei Bassompierre/Goethe wissen wir nicht *und werden es nie erfahren*, wer da lag). Gibt es nicht doch auch einen Gewinn in Hofmannsthals Version? Ich würde ihn nicht darin sehen, daß hier ein moralisches Gebot (der ehelichen Treue) oder ein Formprinzip (der Novellenmathematik) ins Licht gesetzt werden soll.

13 Mit bloßen Seitenziffern in Klammern wird hier und im folgenden nach dem Text der vorliegenden Ausgabe zitiert.

Eher scheint es mir um eine Ordnung oder ein Gleichgewicht im Reich der Zeichen zu gehen. Was die Flammen erhellen, ist auch der semiotische Grundsatz: daß Bedeutung erzeugt wird durch die Wiederkehr des Gleichen. Diese Geschichte einer Nicht-Wiederholung arbeitet mit einer Fülle von Wiederholungen, und zumal das Feuer der Schlußszene durchstrahlt das ganze Geschehen.

Schon während der Liebesnacht brennt ein Feuer, motiviert durch die hinzuerfundene Jahreszeit (Spätwinter). Und zugleich brennt das Feuer in den Worten des Erzählers, metaphorisch, so daß wir das Feuer auf der Inhaltsebene wie auf der Ausdrucksebene wiederfinden. Das hängt zum einen mit den Geschlechterrollen zusammen. Die Geschichte lautet: eine Frau begehrte – ein Mann erfüllte ihr Begehren. Ohne die Grundlage abzuändern, fügt Hofmannsthal hinzu: die Frau ist ganz Ausdruck – der Mann ist ganz Wahrnehmung und Selbstwahrnehmung. Der direkte Ausdruck des Begehrens aber ist der Frau im bürgerlichen Zeitalter versagt. Die Leinwandhändlerin (oder Wäscherin) Bassompierres bediente sich redegewandt einer rhetorischen Figur, der Übertreibung oder Hyperbel: »[. . .] weil ich so verliebt in Euch bin, daß ich es lieber auf der Straße Euch gestattet hätte, als Euch vorbeigehen zu lassen.«[14] Hofmannsthals Krämerin darf nicht mehr vom sexuellen Genuß reden; abgebrochene Laute, Gesten, die Kraft ihrer Augen oder ihrer Bewegungen müssen jene Macht des Begehrens bezeugen, die sie überwältigt, das Feuer der Leidenschaft. Diese alte, ja altmodische Metapher wird aber sehr aufgefrischt, wenn Ausdrucks- und Inhaltsebene, das Feuer der Leidenschaft und das Feuer im Kamin, fusionieren. Dann –

14 »[. . .] pour vous voir, de quy je suis sy amoureuse, que, pour jouir de vous, je crois que je vous l'eusse permis au milieu de la rue, plustost que de m'en passer« (*Journal de ma vie. Mémoires du maréchal de Bassompierre*, Bd. 1, Paris 1870, S. 184). Goethe hat die Hyperbel getilgt, überliefert jedoch noch ihre zweimalige »Bedingung, daß sie eine Nacht mit mir unter Einer Decke zubringen dürfe« (*Unterhaltungen deutscher Ausgewanderten*, s. Anm. 10, S. 1033).

und das wäre der andere Gesichtspunkt – wird es möglich, den Liebesakt selber gleichzeitig zu beschreiben und nicht zu benennen. Feuer außen und Feuer innen, »ihr Gesicht funkelte von Flammen und Freude« (44), so löst sich die Grenze zwischen Innen und Außen. Welle außen und Welle innen, so löst sich die Differenz von Handeln und Geschehenlassen, »daß der Feuerschein über uns hinschlug, wie eine Welle, die an der Wand sich brach und unsere umschlungenen Schatten jäh emporhob und wieder sinken ließ« (44 f.). In dieser Fusion der Rede und der Dinge bildet sich eine allegorische ›Zweitrede‹:[15] was immer vom Feuer gesagt wird, gilt zugleich vom Liebesakt, was sich als Schatten bewegt, bewegt sich zugleich als Körper. Feuer, ein Medium des Lebens, und Welle, im Medium der Sprache, bewirken eine regelrechte Medientransposition. Was geschieht, wird durch Projektion in bewegten Bildern auf der Wand sichtbar, als schwarzes Silhouettenkino.

Das Schattenspiel der Körper verbindet die Liebes- und die Todesszene. Zum Schluß ist es freilich nur noch der Schatten des einen, des weiblichen Körpers, »der emporspielte und wieder sank« (53), obwohl doch der männliche Körper dem Feuer näher liegt und ebenfalls Schatten werfen müßte. Nach allen Gesetzen der Optik: das Schattenspiel lügt. Daß man mit ihnen lügen kann, macht eigentlich die Qualität von Zeichen aus.[16] So ist schon das Schattenspiel der Liebesnacht unwahr, insofern die Flammen Bewegung

15 Zur Zweitrede als Bedingung der Allegorie vgl. Thomas Böning, »Allegorisieren/Symbolisieren«, in: *Literaturwissenschaft. Einführung in ein Sprachspiel*, hrsg. von Heinrich Bosse und Ursula Renner, Freiburg i. Br. 1999 (Rombach Grundkurs, 3), S. 159 ff.

16 Vgl. Umberto Eco, *Semiotik. Entwurf einer Theorie der Zeichen* (Supplemente 5), 2. Aufl. München 1991, S. 26: »Ein Zeichen ist alles, was sich als signifizierender Vertreter für etwas anderes auffassen läßt. Dieses andere muß nicht unbedingt existieren oder in dem Augenblick, in dem ein Zeichen für es steht, irgendwo vorhanden sein. Also *ist die Semiotik im Grunde die Disziplin, die alles untersucht, was man zum Lügen verwenden kann.*«

vortäuschen, und wahr, insofern die Körper selber sich bewegen. So ist das Schattenspiel des Todes ebenfalls doppelt codiert: es täuscht eine Bewegung des Körpers nur vor, tut es aber in der treffenden Todesfarbe Schwarz. Blick und Rede des Erzählers trennen dabei den Schatten der Frau von dem des Mannes. Das ist zwar optisch unmöglich, potenziert jedoch die Bedeutung des Anblicks – allein die Frau regt sich im Projektionsraum seiner Seele. Bildbeziehungen sind es, ikonische Verhältnisse, die sich hier durchkreuzen. Wenn man in der Erzähltheorie davon ausgeht, daß in Geschichten regelmäßig ein Gleichgewicht gestört wird, um schließlich erneut wieder hergestellt zu werden,[17] so müßte man für das *Erlebnis des Marschalls von Bassompierre* hinzufügen, daß es hier auch auf eine Balance der Zeichen ankommt.

Die Verdoppelungen in dieser Geschichte – die des Feuers, des Liebesspiels, die Korrespondenzen zwischen Inhalts- und Ausdrucksebene – sind daher nicht bloß wiederkehrende Motive oder »Wiederholte Spiegelungen«, wie man sie von Goethe bis Thomas Mann verzeichnet. Sie werden vielmehr gebraucht, um Felder für Bedeutungsunterschiede aufzubauen. Gewiß, da gibt es auch klassische Tricks wie Anspielung und Verweis, z. B. den Apfel des Sündenfalls; damit lassen sich Bedeutungen intertextuell erzeugen. Um aber innerhalb des Textes ein semantisches Feld zu schaffen, braucht es ein so einfaches Stil- oder Kompositionsmittel wie die Spiegelachse. In der Bassompierre-Geschichte funktioniert sie vielleicht durch die Trennung bei Tagesanbruch: hat erst die Frau, in Gegenwart des Mannes, ihr Empfinden ausgedrückt, so agiert nun der Mann, in Abwesenheit der Frau, sein Empfinden aus, soweit er kann. – Deutlicher noch tritt uns die Spiegelachse in den früheren, selbstkomponierten Erzählungen entgegen, als Einschnitt im Tag, als Einschnitt im Text.

17 Speziell in der strukturalistischen Erzähltheorie. Vgl. etwa Tzvetan Todorov, *Poetik der Prosa*, Frankfurt a. M. 1972.

Die *Reitergeschichte* erzählt von einem Tag im Dasein eines Truppenkörpers und im Leben eines Einzelnen. Am Ende des Tages ist der Wachtmeister Anton Lerch tot, die zweite Eskadron (Schwadron) der Wallmodenkürassiere ist hinter die Linien der österreichischen Armee zurückgekehrt. Merkwürdig ist dabei, daß der Wachtmeister von seinem Vorgesetzten erschossen wurde. Die Schwadron ist ein sozialer Kosmos. Sie untersteht dem Rittmeister, die einzelnen Züge werden von Leutnants geführt, die adlig sind. Zwischen ihnen und den Mannschaften steht, als nicht-adliger Unteroffizier, eben der Wachtmeister, der weisungsgemäß den inneren Dienst überwacht und für die Einsatzfähigkeit der Einheit verantwortlich ist. So reitet nach dem letzten Gefecht Anton Lerch von Zug zu Zug, um Verluste und Beutepferde zu zählen und es dem Rittmeister zu melden. Kann es sein, daß er selbst die Einsatzfähigkeit seiner Einheit gefährdet?

1848 ist ein rebellisches Jahr in ganz Europa. Im Gefolge der Pariser Februarrevolution brechen überall Aufstände aus, allein in Wien wird dreimal in diesem Jahr auf den Barrikaden gekämpft, der Kaiser muß fliehen, der Kriegsminister wird getötet. Das Habsburgerreich kann seine Herrschaft in Norditalien zwar noch über ein Jahrzehnt behaupten, aber *Il Risorgimento*, der Kampf um die Einheit und Selbständigkeit Italiens, hat unwiderruflich begonnen. Der schweren, (mit Kürassen) gepanzerten österreichischen Reiterei begegnen die italienischen Freiheitskämpfer in der *Reitergeschichte* als halb-zivile, zusammengewürfelte Kombattanten, die in der Reihe der »bestandenen Gefechte und anderer Glücksfälle« am Morgen des 22. Juli 1848 eher eingesammelt als besiegt werden. Die Schwadron macht dreimal Gefangene, nimmt die »wichtigsten Detailpläne« eines Spions ebenso mit wie eine Herde Vieh oder eine verstellbare Kanone (Haubitze). Dabei verliert das Streifkommando nur einen Mann, doch mehr als ein Viertel der

Truppe (28 von 106 Mann) muß zur Eskortierung der Gefangenen abgeordert werden – Beutemachen schwächt.

Nach den leichten Erfolgen des Morgens riskiert der Rittmeister einen gloriosen, aber militärisch sinnlosen Ritt durch Mailand. Da die Stadt von Truppen wie von Geschütz und Kriegsvorrat »entblößt war, konnte der Rittmeister sich selbst und der Schwadron nicht versagen, in diese große und schöne, wehrlos daliegende Stadt einzureiten« (29). Die Eroberungslust feiert sich selber, militärisch und männlich-sexuell – »achtundsiebzig aufgestemmte nackte Klingen« vis-à-vis »den entblößten Armen schöner Unbekannter« (30) – unter den Blicken und Winken von Frauen, unter der Drohung des Todes. Die schöne Stadt wird nicht besetzt,[18] sie wird nur lustvoll durchquert als wundervolle Gefahrenzone in einem einzigen, lang ausschwingenden Satz, die Schwadron ein wahrhaft einziger Truppenkörper. Aus ihm löst sich der Wachtmeister Anton Lerch als nächstes, indem er den Eroberungswunsch persönlich nimmt, mit seinem Pferd in einen Hausflur eindringt und das Haus samt Frau und abtauchender Männergestalt für die Zukunft mit Beschlag belegt. Nach dem Beutemachen, nach dem Theaterstreich der Eroberung erfolgt nun das Eindringen in den Zivilbereich der Nicht-Kombattanten, um Menschen und Wohnort sich unterwürfig zu machen. Damit ist die erste Hälfte des Tages und die erste Serie von Phänomenen militärischer Gewalt beendet.

Gewalt wird auch sprachlich vermittelt – die zwei Fälle von direkter Rede in diesem Text sind zwei Kommandos – ja, sie kann auf den Sprecher zurückwirken: »Das ausgesprochene Wort aber machte seine Gewalt geltend« (32).

18 Zeitgenössische Quellen zur tatsächlichen Besetzung Mailands am 7. August 1848 zitiert, als Kontrast und Vergleich, Marilyn Scott, »Order and Masculinity in Hugo von Hofmannsthal's *Reitergeschichte*«, in: *Geschichte der österreichischen Literatur*, hrsg. von Donald G. Daviau und Herbert Arlt, Tl. 2, St. Ingbert 1996 (Österreichische und internationale Literaturprozesse, 3), S. 500 ff.

Nach der Beschlagnahmung in der Pansstunde nimmt der Wunsch nach Unterwerfung und Beute in Anton Lerch eine neue Qualität an, ihm verwischt sich der entscheidende Unterschied zwischen einem Soldaten und einem Zivilisten. Lerchs Wachträume von »angenehmer Gewalttätigkeit ohne Dienstverhältnis« (ebd.) verwandeln die unmilitärische Männergestalt im Hause der Vuic in einen machtlosen Feind, den man nicht bluten, sondern zahlen läßt – unmilitärische Gewalttaten der Demütigung und Erpressung. Aber Macht und Ohnmacht hat dieser Held persönlich zu nehmen; auf das Blow-Up der Allmachtsphantasien folgt, ebenso vergrößert, eine reale Ohnmachtserfahrung, die den Ritt durch Mailand in sein Gegenteil verkehrt. Anstatt »die Straße durchzugaloppieren« (33), quält sich Lerch an ländlichen Häßlichkeiten und Hindernissen vorbei, seine Pistole versagt, seinem Pferd wird von einer Kuh das Heu weggenommen, und in der traumartigen Verlangsamung sieht er sich schließlich auf sich selber zureiten. Aus diesem Alptraum von Wehrlosigkeit heraus kann er zwar den entgegenkommenden Kavalleristen korrekt identifizieren, aber nicht mehr sich selber mit sich selber. Erlösung bringt die Attacke, jetzt als militärische Aggression in Nahaufnahme mit Pferden, menschlichen Körpern, Waffen. Das Gefecht spitzt sich zu auf Tod und Beute, auf diesen Reiter, auf dieses Pferd. Damit endet die zweite Serie von Phänomenen militärischer Gewalt.

Die Beute, so zeigt sich in der rotgetränkten Schlußszene, ist die Frucht der Gewalt und stört zugleich ihr Funktionieren. Die Erregung des Sieges, die lachenden Soldaten und die »Lachen von Blut« (38) berauschen, man verlangt nichts sehnlicher, als »nun im offenen Schwarm auf einen neuen Gegner loszugehen, einzuhauen und neue Beutepferde zu packen« (39): das *corpus militare* löst sich räumlich und innerlich auf. Der Rittmeister dagegen formiert den Truppenkörper rigoros aufs neue, indem er die erbeutete Haubitze versenken läßt, die Beutepferde loszulassen befiehlt, den

Wachtmeister niederschießt. Anton Lerch ist der zweite Tote dieser Schwadron an diesem Tag. Wie hängt sein rätselhafter Tod mit seinem Lebenstag zusammen? Das Schema von Schuld und Sühne greift nicht, also verstehen manche Interpreten den Schluß als sozialen Konflikt,[19] andere als logischen Abschluß eines zunehmenden Identitätsverlusts.[20] Ist es denn nicht der Widerstand des Unbewußten, wenn es heißt: »[...] und aus einer ihm selbst völlig unbekannten Tiefe seines Innern stieg ein bestialischer Zorn gegen den Menschen da vor ihm auf, der ihm das Pferd wegnehmen wollte«? Wegnehmen, das ist's. Der Sieger mit der schönen Beute an der Hand muß sich so ohnmächtig fühlen, als wäre er ein Unterworfener. Tatsächlich, er ist dem Dienst der Gewalt unterworfen, dem Dienstreglement unter der Drohung des Todes. Nur haben ihn der Glanz und das Elend dieses Tages auf eine frühere Stufe des Soldatseins zurückgebracht, und er wurde zum Landsknecht, der in erster Linie kämpft, um Beute zu machen. Nun, des Raubes beraubt, kommt es nach all den Aggressionen des Tages zu einer höchstpersönlichen Aggression in ihm. Sie zerstört nicht seine Persönlichkeit, sondern sein Dienstverhältnis und damit sein Leben. Aus dem Wachtmeister ist ein Rebell geworden, unbewacht. Freilich nicht im Namen irgendwelcher Überzeugungen oder öffentlicher Ideen, sondern im Namen des Begehrens.

Die vielen Facetten militärischer Aggression folgen einerseits dem Ablauf der Tageszeiten: Morgenfrische und fröhliche Erfolge, Mittagsläuten und Triumph sowie private Be-

19 Etwa als »Aufstand des Gemeinen gegen das Edle«, wie Richard Alewyn, *Über Hugo von Hofmannsthal*, 4., verm. Aufl., Göttingen 1967, S. 85 f.

20 So in den meisten der psychologisch oder psychoanalytisch ausgerichteten Interpretationen; z. B. Richard Exner, »Ordnung und Chaos in Hugo von Hofmannsthals *Reitergeschichte*. Strukturelle und semiotische Möglichkeiten der Interpretation«, in: *Dialog mit der Moderne. Zur deutschsprachigen Literatur von der Gründerzeit bis zur Gegenwart*, Festschrift für Jacob Steiner, hrsg. von Roland Jost und Hansgeorg Schmidt-Bergmann, Frankfurt a. M. 1986, S. 46–59.

schlagnahme; dann in der Spiegelachse »unter der schweren metallischen Glut des Himmels« (32) die Reprise und Umkehr der Ereignisse; die Phantasien als Gebieter im Schlafrock, die Schmach des häßlichen Dorfes, der Zugriff auf die Beute – und schließlich der Sturz von der Höhe des Erfolgs, im Abendlicht. Andererseits entfalten die Ereignisse Beziehungen untereinander. Auch wenn sie nicht den Helden selber, sondern den Truppenkörper betreffen, beziehen sie sich in einer Weise auf die Hauptfigur, als fänden sie außen und innen zugleich statt. Die äußere Welt, könnte man sagen, arbeitet mit an der Gestaltung eines Lebens, das sich selber, schon von sich aus, auf seinen Tod hin formt.[21] Wie im empörenden Tod des Wachtmeisters Anton Lerch, so noch mehr im buchstäblichen ›Verrecken‹ des gepflegten Kaufmannssohns aus dem *Märchen der 672. Nacht.*

Die Überschrift verweist auf den Orient von Scheherazades Erzählungen, während ein erster Entwurf noch den Namen der Stadt, Wien, erwähnte.[22] Den glücklichen Märchenausgang verkehrt Hofmannsthals Text, wie vor ihm viele Kunstmärchen der Romantik, in eine Katastrophe. Sonst ziehen Held oder Heldin aus, um das Abenteuer ihres Lebens, unterstützt von Helfern und Gaben, zu bestehen – hier hat sich der Held vom Abenteuer des Lebens zurückgezogen, um ohne Erwerb, Kampf, Arbeit oder Liebe sich dem Schönen zu widmen. Von den tausend Medien des Lebens hält er nur bedeutungsvolle Repräsentationen, die »wundervolle Beute des Lebens« (9), fest, schließt aber ei-

21 Vgl. Hofmannsthals Notiz von 1893, in: *Reden und Aufsätze III* (s. Anm. 5), S. 369: »Die Realität ist kein Raritätenkasten voll Exempel, um uns die innere Welt verstehen zu lehren, sondern sie ist ganz dasselbe auf einer andern Stufe der Phänomenalität. [. . .] nicht wie Ding und Bild, sondern wie 2 Erscheinungsformen desselben Dinges.«

22 SW 28, S. 202 f. Die Zahl 672 hat sich trotz aller gelehrten Bemühungen nicht enträtseln lassen. Mir scheint, sie ist eher durch lautliche Gründe bestimmt: ihre Bestandteile kombinieren die möglichen s- und ts-Laute der Zahlen zwischen ›eins‹ und ›zehn‹, so daß sich ein zischelnder, sehr memorabler Klang ergibt.

nes der wichtigsten Medien aus, Gespräch und Kontakt. Er leistet sich den Luxus, die Menschen nur zu betrachten. Damit greift Hofmannsthal das damals beliebte Motiv des isoliert lebenden, schönen Jünglings auf und gibt ihm eine kritische Wendung. Einer jener geistvollen Übermenschen, wie sie seit Nietzsche durch die Literatur geistern, hatte gesagt: »Leben? Unsere Diener besorgen das für uns« und war danach auf das erhabenste gestorben.[23] Das aber ist genau die Frage: was geschieht, wenn man seine Diener für sich leben läßt? Man wird sich selbst verlieren, lautet Hofmannsthals Antwort, und nicht einmal der Tod kann einem das nicht gelebte Leben erstatten.[24]

Die Versuchsanordnung ist zweiteilig: zunächst ein umzirkter Raum, dann der aufgelöste Raum als Labyrinth. Dem Helden, der ohne die menschliche Gesellschaft auszukommen wünscht, sind immerhin vier dienende Mitbewohner geblieben, die stumm nach seinen Wünschen funktionieren. Der Herr beobachtet sie oder sieht ihnen zu. Aber nicht einmal nach dem Selbstmordversuch des kleinen Mädchens, nach ihrer unerklärlich haßerfüllten Abwendung von ihm, redet er mit ihr, sondern erst später und über sie. Er sieht die achtzehnjährige Dienerin als archaische Schönheit, »wie eine Königin im Kriege« (14), aber er begehrt sie nicht in seinen Armen zu halten, sondern sucht nach einer Blume oder einem Gewürz, »dessen verwehender Hauch ihm für einen Augenblick genau den gleichen Reiz zu ruhigem Besitz geben könnte, welcher in der Schönheit seiner Dienerin lag, die ihn verwirrte und beunruhigte« (14). Haß und

23 Philippe-Auguste Villiers de l'Isle-Adam: *Axel* (1890): »Vivre? les serviteurs feront cela pour nous [...] J'ai trop pensé pour daigner agir!« Der Held widersteht den Versuchungen des Reichtums wie den Versuchungen der Liebe und bestätigt im Doppelselbstmord mit seiner Geliebten, daß sie die Wirklichkeit schon bei Lebzeiten transzendieren konnten.

24 Eine tief zweideutige Antwort gibt Hofmannsthal ein Jahr zuvor in *Der Tor und der Tod* (1894): der lebensferne Ästhet meint im Sterben zu dem wahren Moment seiner Existenz zu finden.

Liebe, »das eigentliche Medium des Lebens«,[25] sind eingeklammert, das Begehren richtet sich auf den ruhigen Besitz von stellvertretenden Zeichen, die unendliche Spiele der Bedeutung anbieten, ohne zu kompromittieren. In diesem stellvertretenden Leben lauern aber Gefahren. Der junge Herr fühlt sich seinerseits den Blicken der Diener ausgesetzt, ja unterworfen. Daß sie ihn ansehen, macht ihm mitunter solche Angst, daß er sich in Bewegung setzen, sogar im Garten verstecken muß, ein Verfolgter im eigenen Haus. Verwirrung und Unruhe wollte der Kaufmannssohn ausschließen, aber die ausgeschlossenen Lebensäußerungen kehren wieder in einem anderen Medium, in dem der Angst. ›Angst‹ ist wohl der häufigste Begriff für einen Gemütszustand, er taucht nicht weniger als 15mal im Text auf. Das ausgeschlossene Leben nötigt den Kaufmannssohn zu einem Kampf, von dem er nichts weiß, für den er gleichwohl zwei Strategien hat. Die eine ist Ausweichen, begrenzt verwendbar, denn der Garten ist begrenzt. Die andere ist der Clinch, eine Annäherung so dicht, daß das Gefahrenmoment magisch getilgt wird: »Wenn er aber ganz nahe von ihnen war, erlosch seine Angst so völlig, daß er das Vergangene beinahe vergaß. Dann vermochte er es, sie gar nicht zu beachten oder ruhig ihren Bewegungen zuzusehen« (13). Dann macht es ihm keine Angst mehr, ohne Kontakt zu sein.

Erfüllt von der Dynamik der Stellvertretung, ist der schöne Garten ein semiotisches Universum voller Spannungen. Im zweiten Teil wird die Abschließung aufgehoben und der wohlbehütete Erbe ganz wörtlich auf die Straße gesetzt, die ebenfalls ein semiotisches Universum ist, allerdings ein zeitlich begrenztes mit Ziel und Ende. Eine Nachricht von Draußen oder Früher trennt das ›Immerwieder‹

25 Hofmannsthal, *Buch der Freunde* (1922); *Reden und Aufsätze III* (s. Anm. 5), S. 235: »Die Liebe und ihre Umkehrung, der Haß, sind darum das eigentliche Medium des Lebens, weil sie allein aus den andern Individuen die Konsequenzen ziehen.«

vom ›Dann aber eines Tages‹ dem Inhalt nach, wie der Leerraum formal. Man beschuldigt seinen Diener eines ungenannten Verbrechens – und wie reagiert der Herr? Befragt er seinen Diener, um den Sachverhalt zu klären? Er tritt vor Zorn auf seinen Kleidern herum, befürchtet, alle (!) seine Diener zu verlieren, und beschließt völlig verstört, Ruhe zu schaffen statt Aufklärung. Da ist ein Konflikt, da ist ein beteiligter Diener, und da ist ein Herr, der sich davonmacht in der Meinung, die Sache anzugehen. Er nähert sich, seiner Strategie entsprechend, dem Gefahrenmoment und entfernt sich vom Problem.

Auf sich gestellt, ist der Herr ohne Diener kein Herr mehr, nicht einmal ein Hausherr, denn er kann sein eigenes Stadthaus nicht betreten. So setzt er sich als nächstes Ziel, nachdem er die Quelle der anonymen Drohung nicht erreichen konnte, wenigstens eine Herberge für die Nacht zu finden, in der eigenen Stadt »wie ein Fremder« (17). Er macht sich auf die Suche, aber aus der Suche wird eine ziellose Bewegung; »in Gedanken verloren«, »ohne viel auf seinen Weg zu achten« (ebd.), kommt er in eine Sackgasse, in einen Garten, in Glashäuser und schwindelnde Durchgänge, wo sich ihm die Umgebung in traumhafter Schnelligkeit verwandelt. Er wird seiner Beweggründe (Motive) nicht inne, oder wenn doch, so sind sie mit den vier Dienern verknüpft, »die ihn in den Tod getrieben hatten« (27), wie er am Schluß denkt. Als wären die Kauflust, die Schaulust, Angst, Traurigkeit, Entsetzen niemals sein gewesen. Dabei ist die ganze Welt ein Medium seiner Existenz: die »öde, totenstille Sackgasse« (17) spiegelt die Ahnung, mit der er die beiden Mädchen »in das öde, gleichsam luftlose Leben« (12) hineinleben fühlt – der Juwelier den Reichtum der eigenen Schätze – das Glashaus seinen Lebensstil des Zuschauens und Betrachtens – das böse fünfjährige Mädchen, dem er sich wie im Clinch annähert, seine haßerfüllte kleine Hausbewohnerin – das Brett macht, daß er die Nähe des Todes nicht in Gedanken und Sprüchen weiß, sondern »schwindelnd im ganzen Leibe« (23) – der Hof mit den vielen einander ähnlichen Soldaten, die ihre Pferde bedienen, wiederholt das roboterhafte Vorhandensein seiner eigenen Diener. Aber warum bereichert das den Helden nicht, warum steht der zweite Teil seiner Geschichte so sehr unter dem Thema des Verlustes? Nach der Todesangst auf dem Brett sucht der Kaufmannssohn einen Weg zurück, »ganz leer und vom Leben verlassen« (ebd.), ohne Freude und nun sogar ohne Angst. Im Garten lebte er unter den Stellvertretern des Lebens, wenn auch in Angst – auf der Straße irrt er an den Stellvertretern der Stellvertreter vorbei, durch eine immer zeichenhafter werdende Welt, in der er allenfalls den Ausdruck einer fremden Angst noch erinnert. Als er sich der traurigen Monotonie der Soldaten zuwendet, um sie, wie gewohnt, durch Annäherung verschwinden zu lassen, trifft ihn – und die Leser – der brutale Schock seines Todes. Dem Sterbenden wird die Angst doch und nun sogar doppelt fühlbar, aber sie vermittelt keine andere Botschaft als: des Lebens beraubt.

Auch wenn der Kaufmannssohn das Leben verfehlt hat, so hat er doch *seinem* Leben damit eine bestimmte Gestalt gegeben, zu der gerade die merkwürdige Unbestimmtheit beiträgt, die sein Handeln und seine Umwelt kennzeichnet. Solch eine, zuletzt tödliche, Selbstgestaltung festzuhalten, ist für Hofmannsthal die Aufgabe der Literatur. In einem Essay *Über Charaktere im Roman und im Drama* (1902) läßt er den Romancier Balzac sagen, es gäbe gar keine anderen Erlebnisse als das Erlebnis des eigenen Wesens:

> [. . .] aber ich weiß, daß jede menschliche Existenz, die der Darstellung wert ist, sich selbst verzehrt und, um diesen Brand zu unterhalten, aus der ganzen Welt nichts als die ihrem Brennen dienlichen Elemente in sich saugt, wie die Kerze den Sauerstoff aus der Luft auffrißt. [. . .] so unfähig, das in der Welt zu sehen, was sie nicht mit dem Flackern ihres Blickes in die Welt

hineinwerfen, so von Sinnen wie Lear, da er einen Strohwisch für Goneril nimmt.[26]

Das Flackern des Brandes und das Flackern des Blicks bringen die Inkohärenzen, das Unbegründete des Geschehens zum Vorschein, und sie produzieren zugleich Zeichen für Seelisches, die Zusammenhang stiften. So wie bei Bassompierres Krämerin die Gewalt der Hingabe, bei dem berittenen Soldaten Anton Lerch das Begehren unter dem Befehl der Waffen, bei dem märchenhaften Kaufmannssohn das Thema des stellvertretenden Lebens.

Heinrich Bosse

26 Hofmannsthal (s. Anm. 5); *Erzählungen. Erfundene Gespräche und Briefe. Reisen*, Frankfurt a. M. 1979, S. 491. Vgl. auch die Aufzeichnung von 1894 in: *Reden und Aufsätze III* (ebd.), S. 381: »Erleben: in uns, wie durch ein unkörperliches Medium hindurch, realisieren sich Ideen.«